ro
ro
ro

Das Greenhorn Ramon Kramer macht sich auf, das Land seiner Kindheitsträume zu suchen: den guten alten Wilden Westen. Er stellt schnell fest: In Montana ist der Westen wild. Und gut ist er auch. Nur ganz anders, als er ihn sich vorgestellt hatte. Hier berichtet er davon, wie er mit dem Pferd und einem Zelt aufbricht, um das echte Indianergefühl zu bekommen, und ihm die Blackfeet einen vollklimatisierten Wohnwagen zur Verfügung stellen; wie er am traditionellen Powwow teilnimmt und dort von einer Horde japanischer Touristen zwischen Pick-up-Trucks und Dixi-Klos empfangen wird und wie er das Sprichwort «Ein Indianer kennt keinen Schmerz» ad absurdum führt, weil er die indianische Schwitzhütte ob der Hitze mit einem Hechtsprung verlassen muss. So entsteht ein abenteuerlicher, ironischer und auch anrührender Reisebericht, in dem die romantischen Vorstellungen vom Leben im Indianerland kräftig durchgerüttelt werden.

Ramon Kramer, Jg. 1964, lebt als erfolgreicher Filmemacher und Musikproduzent in Hamburg. Mehr über den Autor erfahren Sie unter www.buffalomedia.de.

Ramon Kramer
alias Ah-Say-Kee

ICH WEISSER MANN, DU INDIANER GUT!

Meine Abenteuer in der Prärie

Rowohlt Taschenbuch Verlag

Originalausgabe ◕ Veröffentlicht im Rowohlt Taschenbuch Verlag, Reinbek bei Hamburg, September 2008 ◕ Copyright © 2008 by Rowohlt Verlag, Reinbek bei Hamburg ◕ Redaktion Susanne Frank ◕ Umschlaggestaltung ZERO Werbeagentur, München (Foto: Ramon Kramer; Autorenfoto: Ramona Holzer) ◕ Satz Utopia PostScript, InDesign ◕ Gesamtherstellung CPI – Clausen & Bosse, Leck ◕ Printed in Germany ◕ ISBN 978 3 499 62306 6

Inhalt Hough und guten Tag! 7 Ein Naapiikoan

Mit Blackfeet-Chief Earl Old Person

Hough
und guten Tag!

Um es gleich vorwegzunehmen: Ich habe noch nie erlebt, dass ein Indianer sein Gegenüber mit dem Wort Hough begrüßt. Das soll aber nicht bedeuten, dass das nie passieren könnte. Nehmen wir mal an, Sie sind in den USA, treffen auf jemanden, von dem Sie glauben, dass er ein Indianer ist, und begrüßen ihn auf die «gute alte Indianerart». Dann wird er, sofern er Sie nicht ignoriert, höchstwahrscheinlich auf die gleiche Weise zurückgrüßen.

Dafür gäbe es zwei Erklärungen: Entweder ist er ganz besonders freundlich – oder er glaubt, dass Sie ihn verarschen wollen, und tut es Ihnen gleich. Allerdings könnte es auch sein, dass er selbst davon ausgeht, der Ausdruck Hough sei das universelle, für alle Indianer geltende Wort für guten Tag. Das ist zwar eher unwahrscheinlich, aber möglich – auch Indianer gucken Fernsehen.

Was mich betrifft: Ich habe sie alle gesehen, jeden verdammten Western, die schlechten und die guten. Hauptsache, es kamen Indianer darin vor.

«Los, ab ins Bett! Du bekommst noch viereckige Augen», hieß es, wenn ich mich wieder einmal hinter dem Fernsehsessel versteckt hatte, um heimlich Indianerfilme zu gucken. Noch heute behaupten meine Eltern, dass ich als Kind ein Fernsehjunkie war. Doch das stimmt nicht. In Wirklichkeit war ich der einzige «Weiße Mann» im gesamten Stadtteil Winterhude, der erkannt hatte, dass der Indianer an sich ein Guter ist und gegen Leute wie John Wayne nicht genügend Unterstützung bekommen kann.

Aus diesem Grund verging damals auch kaum ein Tag, an dem ich nicht in meinen Indianerklamotten herumlief – einem braunen Stoffanzug mit Gummizug und roten Fransen, einem Paar Mokassins (rote Wollhausschuhe mit indianischen Mustern) und einer Häuptlingshaube mit Hühnchenfedern. So musste auch draußen auf der Straße jedem sofort klar sein, auf welcher Seite ich stand. Auf Fragen wie «Was soll aus dir bloß einmal werden?» gab es nur eine Antwort: «Sieht man das nicht?»

Okay – meine Haare waren kurz, mein Tomahawk aus Gummi und mein Pferd in Wirklichkeit ein Fahrrad mit Stützrädern. Aber irgendwann würde auch ich eine ganz lange Matte haben und mit Pfeil und Bogen auf einem echten Pferd sitzen, auf die Jagd gehen und am Abend mit meinen roten Brüdern im Tipi die Friedenspfeife rauchen.

Bereits wenige Jahre nachdem man mich gezwungen hatte, schreiben und lesen zu lernen, war ich der festen Überzeugung, dass ich nicht nur am falschen Ort, sondern versehentlich auch zur falschen Zeit geboren worden war. Hamburg war nicht die Prärie, und der 3. Januar 1964 nicht der 25. Juni 1876.

Jeder, der sich ernsthaft mit den großen Ereignissen der Weltgeschichte beschäftigt, weiß, dass dieses Datum eines der wichtigsten des Wilden Westens ist. Denn an diesem Tag schickte der große Sitting Bull den bösen Weißen Mann in die heiligen Jagdgründe, genauer gesagt: General George Armstrong Custer und seine 7. Kavallerie, damals am Little Bighorn River, mitten in der fernen Prärie.

Nachdem ich zum ersten Mal meinen Lieblingsfilm gesehen hatte, «Little Big Man» (darin wird die Schlacht am Little Bighorn bis ins «letzte Detail» nachgestellt), hielt ich dieses Da-

tum für so bedeutend, dass ich es zu meiner Stunde null umfunktionierte, dem wahren Anno Domini. Demnach wurde ich nicht 1964 geboren, sondern im Jahre 88. Die deutsche Nationalelf wurde nicht 1954 zum ersten Mal Fußballweltmeister, sondern im Jahre 78, und der Erste Weltkrieg brach auch nicht 1914 aus, sondern im Jahre 38.

Mit dieser Zeitrechnung wurde ich nicht nur der historischen Bedeutung von Little Bighorn gerecht; sie hatte auch den Vorteil, dass der Wilde Westen ein Stückchen näher rückte. Und wenn ich auf dem Schoß meiner Urgroßmutter saß, hatte ich sogar das Gefühl, das alles sei erst gestern passiert. Als meine Uroma, die in unserer Familie von allen Oma Stibbe genannt wurde, auf die Welt kam, waren seit Little Bighorn sage und schreibe nicht einmal 17 Jahre vergangen. Um genau zu sein: 16 Jahre, vier Monate und 28 Tage. Ich war zwar selbst erst zehn, aber gemessen daran, dass sie bereits über 80 Jahre auf dem Buckel hatte, hielt ich diesen Zeitraum für einen Fliegenschiss in der Geschichte.

Jedes Mal, wenn ich mit meinen Cowboy- und Indianerfiguren mein Kinderzimmer in einen Kriegsschauplatz verwandelte, stellte ich mir vor, dass der Vater von Oma Stibbe damals dabei gewesen war, bei der letzten siegreichen Schlacht der Indianer gegen die weißen Eindringlinge. Warum er allerdings als einziger Weißer das Gemetzel am Little Bighorn überlebt hatte – und das musste er ja, sonst hätte er später kein Kind machen können –, sollte mir lange ein Rätsel bleiben. Immer wenn ich meine Oma danach fragte, kniff sie mir mit den Fingern in die Wange und sagte mit zittriger Stimme: «Ach, du und deine Indianer.»

Egal – bei meiner Lieblingsoma lief der Fernseher den ganzen Tag, und ich konnte so viele Indianerfilme gucken, wie ich wollte.

Im Laufe der kommenden Jahre verlagerten sich meine Interessen immer mehr in Richtung Fußball und Gitarrespielen, und meine alten Helden gerieten in Vergessenheit. An die Stelle von Sitting Bull oder Crazy Horse rückten nun Bob Dylan und die Mannschaft des FC St. Pauli. Erst nachdem ich mich in Hamburg in eine Amerikanerin verknallt hatte und ein Jahr darauf nach Los Angeles flog, erinnerte ich mich wieder meiner alten Leidenschaft. Ich stellte Fragen und bekam frustrierende Antworten.

«Die Indianer? Die leben irgendwo in der Wüste, hängen faul rum und sind meistens besoffen», sagte die Mutter meiner großen Liebe und reihte sich damit in die Gruppe derer ein, die dieses Thema für völlig uninteressant hielten. Nach mehreren Diskussionen musste ich schließlich einsehen, dass es tatsächlich ein paar Dinge gab, die ich als «German guy» nur schwer verstehen konnte. Selbst auf meine Frage, ob denn die Geschichte der Ureinwohner nicht in der Schule auf dem Lehrplan stünde, erntete ich ein verständnisloses «No!».

Als ich während einer meiner Spaziergänge auf dem Santa Monica Boulevard einen Souvenir-Shop mit dem Namen «Native West» entdeckte, fand ich dann doch noch etwas von dem, was ich gesucht hatte. Zwischen Wild-West-Postkarten und Indianerschmuck, mit Federn geschmückten Tomahawks und einer echten Winchester hoffte ich, ein paar Antworten auf meine vielen Fragen zu bekommen. Wo sonst, wenn nicht hier? Hinter dem Verkaufstresen stand nämlich einer, der es wissen musste: mein erster echter Indianer!

Wie jeden Kunden begrüßte er auch mich mit einem freundlichen «How are you?», obwohl er an einer Schilderung meines

Gemütszustands eigentlich nicht interessiert war. In Kalifornien antwortet man darauf nur mit einem knappen «Ssäänks!».

Der indianische Verkäufer erkannte sofort, dass er es mit einem Deutschen zu tun hatte. Und so machte ich meine erste mystische Erfahrung mit einem amerikanischen Ureinwohner. Er hatte kurzes dunkles Haar, trug Jeans, T-Shirt und eine fette Armbanduhr. Dass eine Armbanduhr an einem Native American nicht gerade typisch ist und eher einer zweckentfremdeten Zierde dient, wusste ich damals noch nicht. Der Ausdruck «Indian Time» war mir bis dato noch völlig unbekannt. Und so fand ich es viel ungewöhnlicher, dass seine Haut nicht dunkelrot, sondern sonnenbankgebräunt war. Auch wenn ich überhaupt keine konkrete Vorstellung davon hatte, wie ein Indianer aussieht – 1989, über 100 Jahre nach Little Bighorn –, erinnerte mich dieser viel mehr an einen gereiften Beachboy als an einen Nachfahren von Sitting Bull. Wie konnte ich also wissen, dass er ein echter Indianer war? Ich weiß es nicht mehr genau, aber vermutlich habe ich ihn einfach danach gefragt. Einem ambitionierten Ethno-Touristen wie mir, brennen solche Fragen schließlich unter den Nägeln. Nichts ist schlimmer, als mit den Ohren an den Lippen einer Fälschung zu kleben.

Wie dem auch sei, er war ein echter amerikanischer Ureinwohner, und fasziniert vom Original, spazierte ich nun fast täglich in diesen Souvenir-Shop. Und mit jeder Stunde, die ich dort verbrachte, erinnerte ich mich mehr und mehr an das Gefühl, das ich vor vielen Jahren hatte, als ich mit meiner eigenen Zeitrechnung dem Wilden Westen näherkommen wollte. Dass auch der Verkäufer meinen Wissensdurst nicht befriedigen konnte, wurde für mich zweitrangig. Vielleicht hatte ich seine Antworten auch nicht richtig verstanden. Vielleicht verstand er auch meine Fragen nicht; mein Englisch war eine Katastrophe. Anyway. Viel gesprochen haben wir nicht – obwohl er mich immer wieder mit derselben Frage begrüßte: «How are you?»

13

Und dazu hätte ich so einiges sagen können. Die große Liebe meines Lebens war schon wieder vorbei, noch bevor ich zurück nach Hamburg reiste.

Bis ich dann schließlich das erste Mal in die Heimat der Präindianer fahren würde, sollte noch eine ganze Weile vergehen. Und als es dann im Sommer 1993 endlich so weit war, kam alles anders als gedacht. Marion, meine damalige Freundin, Peter, den wir in einem Survivalshop kennengelernt hatten, und ich hatten den tollkühnen Plan, auf Indianerland durch die Prärie bis in die Rocky Mountains zu reiten.

In den heiligen Bergen der Blackfeet-Indianer, dem Badger-Two Medicine, sollte damals nach Öl und Gas gebohrt werden. Frei nach Kevin Costner wollte ich diese Wildnis entdecken, «solange es sie noch gibt», und den Indianern damit zeigen, dass es auch gute Weiße Männer gibt. Und so begannen meine Abenteuer in der Prärie.

Im Land der Schwarzfuß wurden wir nicht von einer wilden Indianerhorde empfangen, sondern von einem Donnerwetter, das einer Kriegerattacke in nichts nachstand. Es stürmte und blitzte und schüttete wie aus Eimern, als wolle uns der «Große Geist» sofort wieder zurückschicken: Go home, Weißer Mann, du hast hier nichts verloren. Und dennoch war ich von dieser Reise so beeindruckt, dass ich im nächsten Jahr wieder nach Montana fuhr – und im darauffolgenden noch einmal. Und so ging es immer weiter, bis die Blackfeet-Reservation zu meiner zweiten Heimat wurde und ich damit begann, neben meinen Sehnsüchten auch meine beruflichen Leidenschaften mitzunehmen. In den letzten Jahren habe ich dort zwei Dokumentarfilme gedreht und als Musiker gemeinsam mit Blackfeet ein Album produziert, das in den USA bei einer «indianischen Plattenfirma» veröffentlicht wurde.

Ich bin ein Glückskind. Wer hat schon die Möglichkeit, aus einer kindlichen Begeisterung einen Beruf zu machen? Und jetzt habe ich sogar noch ein Buch darüber schreiben dürfen.

«Ich Weißer Mann, du Indianer gut» sind meine wirklich wahren Abenteuer in der Prärie. Es erzählt von den Erlebnissen, die ich auf meinen vielen Reisen im Indianerland gesammelt habe – ob als romantischer Wild-West-Tourist oder Nachwuchs-Nehberg, ob als politischer Lederstrumpf oder ambitionierter Musikproduzent oder auch als rechtschaffener Dokumentarfilmer im Auftrag des öffentlich-rechtlichen Fernsehens.

Es erzählt von Cowboys mit langen Zöpfen und Kriegern mit Geheimratsecken, selbsterlegten «Chicken Wings» und angenagtem Büffelfleisch, Dixi-Klos und «echten» Friedenspfeifen, St.-Pauli-Girls und Tipi-Depressionen. Und last but not least von einem Weißen Mann, der so gern ein echter Indianer geworden wäre und sich immer wieder die Frage stellt, was eigentlich «echt indianisch» ist und was nicht.

Und da ich keiner der auftretenden Personen auf die Mokassins spucken will, habe ich hier und da Namen, Familienzugehörigkeiten und zeitliche Abläufe geändert. Aber bei Oma Stibbe schwöre ich mit großem Indianer-Ehrenwort, dass sich im Kern alles, was ich in den folgenden Episoden erzähle, auch genau so zugetragen hat – jedenfalls beinahe.

brigens: Die meisten Indianer, die ich kenne, sagen zur Begrüßung «Hi!».

Ein Naapiikoan im Indianerland

Ja, ich bin ein Weißer Mann! An dieser Tatsache komme ich nicht vorbei.

In Hamburg werde ich zwar hin und wieder Indianer genannt, was aber daran liegt, dass ich häufig mit Leuten zu tun habe, die tatsächlich Indianer sind.

Bis ich so weit war, mich offen bekennen zu können, mussten viele Sommer vergehen. Doch ich brauchte nur einen einzigen Nachmittag in Browning zu verbringen, um zu erfahren, dass ich an dem Umstand, ein «Naapiikoan» zu sein, nun mal nichts ändern kann.

Browning ist die Hauptstadt der Blackfeet-Indianer, deren Reservation im Nordwesten Montanas liegt. Mitte des 19. Jahrhunderts waren die Blackfeet die unumstrittenen Herrscher eines Gebietes, das etwa so groß war wie die Bundesrepublik. Ihr Land zog sich vom Yellowstone River entlang der Rocky Mountains bis zu den Ufern des Saskatchevan im heutigen Kanada und reichte im Osten bis zu den Quellflüssen des Missouri. Heute grenzt es im Norden an die kanadische Grenze und im Westen an die spektakulären Berge des Glacier National Park und ist nur noch ungefähr halb so groß wie Schleswig-Holstein. Durch die besondere geographische Lage wird das Zentrum der Blackfeet jeden Sommer zu einem Nadelöhr, das von zahllosen Touristen durchfahren wird. Nach stundenlanger Einsamkeit auf den endlosen Highways der Prärie landen die meisten von ihnen mit einem leergefahrenen Tank mitten im Land der einst gefürchtetsten Krieger der nordamerikanischen Plains. Als ich im Juni 1993 das erste Mal in Browning war, fiel mir auch sofort die Tankstelle am Ortseingang auf, die angeblich die umsatzstärkste von ganz Montana sein soll. An den Zapfsäulen drängelten sich Pkw, riesige Trucks und Motorräder, Wohnmobile und Reisebusse voller Europäer, Asiaten und Amerikaner. Doch was für Landsleute es auch waren, sie alle hatten dasselbe Ziel: volltanken und schnell wieder weg.

Typisch! Von einem Nationalpark zum nächsten heizen, sich aber nicht für die Ureinwohner interessieren. Der Weiße Mann, wie er leibt und lebt!

Der Gedanke, dass diese Touristen möglicherweise gar nicht bemerkt hatten, dass sie sich auf Indianerland befanden, war mir nicht in den Sinn gekommen.

Auf vielen amerikanischen Highways-Maps sind die Indianer-Reservationen nicht gekennzeichnet, und das Schild «Welcome to Blackfeet Country» war damals leicht zu übersehen. Heute ist das anders. Mittlerweile wird jeder, der die Reservationsgrenze passiert, von zwei berittenen Kriegern empfangen, die respekt-einflößend auf einer Anhöhe stehen. Man fühlt sich sofort an die alten John-Ford-Western erinnert, in denen ein paar Silhouetten am Horizont Panik unter Planwagenfahrern auslösen.

Allerdings bestehen diese Krieger nicht aus Fleisch und Blut, sondern aus zusammengeschweißtem Autoschrott und schimmern in der Sonne wie zwei Ritter in voller Rüstung. Dennoch: Für die meisten USA-Touristen war und ist Browning nur ein kleiner Punkt auf der Landkarte im äußersten Westen der Prärie, eine Durchgangsstation auf dem Weg in die Rocky Mountains – für mich nicht! Ich war damals gerade erst angekommen und hatte nicht vor, gleich wieder zu gehen.

Peter, Marion und ich spazierten entlang der Hauptstraße und verschafften uns erst einmal einen Überblick. Die schnurgeraden Straßen Brownings sind nach dem typisch amerikanischen Blocksystem durchnummeriert und nach den Himmelsrichtungen benannt, genauso wie in San Francisco, New York oder Los Angeles. Doch die Hauptstadt der Blackfeet ist weit davon entfernt, eine Metropole zu sein. Im Stadtbereich Brownings liegt die offizielle Einwohnerzahl bei 1200, auch wenn dort doppelt so viele Autos herumstehen. Für die etwa 8000 Schwarzfuß, die auf der Reservation leben, ist Browning die einzige Einkaufsmöglichkeit weit und breit und Treffpunkt Nummer eins für Job-Suchende. Wer kein Cowboy sein will, der versucht hier sein Glück, zum Beispiel als Fahrer von Schul- oder Touristenbussen, als Polizist oder als Sekretärin im Büro des Stammesrats, als Kassenwart bei der Blackfeet National Bank oder auch als Croupier im Spielkasino, dem Glacier Peaks, das 2006 eröffnet wurde, was aber die Arbeitslosenzahl auch nicht entscheidend gesenkt hat – sie liegt bei 70 Prozent.

Browning ist nicht gerade ein Eldorado. Und damals, 1993, sah es noch weniger einladend aus als heute: Die Sandwege, die von der Central Avenue abgingen, waren vom Regen überschwemmt,

![Browning, Main Street 2007]

Browning, Main Street 2007

und vor den aufgebockten Holzhäusern und Wohntrailern, die ihre besten Jahre schon lange hinter sich hatten, standen riesige Pfützen.

Die Durchreisenden fragten sich bestimmt, warum die Bewohner dieser Stadt nicht auf die Idee kommen, ihren maroden Hütten einen neuen Anstrich zu verpassen und alles ein bisschen hübscher zu machen. Rasenmähen und Blümchenpflanzen sind doch nun wirklich kein großer Aufwand!

Ich stellte solche Fragen nicht. Für mich war die Sache klar: Fische an Land fangen irgendwann an zu stinken.

Die tiefen Schlaglöcher in den Straßen und die alten Ami-Schlitten, die in den Vorgärten standen und vor sich hin rosteten, die Cola-Dosen und die Scherben, die überall herumlagen, der ganze Zivilisationsmüll – all das war für mich Ausdruck dafür, dass die Indianer nicht nur am Rand der amerikanischen Gesellschaft leben, sondern sich auch weigern, das zu akzeptieren. Das war einfach authentisch, ein stiller Protest gegen die Welt des Weißen Mannes!

Browning faszinierte mich von Anfang an. Es war Liebe auf den ersten Blick – unerwartet und voller Widersprüche. An einer Kreuzung stand ein überdimensionales Indianerzelt aus Beton, das irgendwann einmal eine Tankstelle gewesen war. Jetzt war es eine Ruine mit einem Brett vor der Tür: Closed! Gleich daneben baumelte ein Reklameschild mit dem Hinweis auf ein ganzes Tipidorf: «Don't miss the Teepee Village», womit aber kein traditionelles Zeltlager gemeint war, sondern eine kleine Shopping Mall mit einem Supermarkt, einem Discount-Shop und einem Waschsalon. Dann, 100 Schritte weiter, eine Videothek mit diversen Indianerfilmen, die ich noch nicht kannte, und den neuesten Karate-Knallern aus Hongkong. An der nächsten Ecke eine romantische Blockhütte: ein Fachgeschäft für Campingzubehör und Feuerwaffen. Gleich gegenüber ein sogenannter Liquor Store – eine Bar mit dem eindeutigen Namen «Icks Place». Da passte die Comiczeichnung auf der Außenwand wie die Faust aufs Auge: ein beschwipster Cowboy mit roter Nase und zwei Zöpfen. Als dann noch zwei wankende Gestalten durch die Tür des «Icks Place» kamen, schien das Klischee bestätigt: der rote Mann und das Feuerwasser.

Die beiden hätten auch gut zwei von den Jungs sein können, die jeden Abend auf St. Pauli vor meiner Haustür herumhängen. Doch für mich waren es damals nicht nur zwei verlorene Seelen, die wahrscheinlich ein Alkoholproblem hatten. Für mich waren es zwei heimatlose Indianer, in deren Augen sich die traurige Geschichte ihres Volkes widerspiegelte: die Ausrottung der Büffel und die Massaker, die nicht eingehaltenen Verträge und der Kulturcrash, die bis heute anhaltenden Repressalien und der Verlust der Sprache – Anfang der neunziger Jahre sprachen nur noch etwa 20 Prozent der Blackfeet ihre eigene Sprache.

ey Bro's!», kamen sie uns winkend entgegen, um ein paar Dollars abzustauben. Ich überlegte kurz, gab ihnen meine angebrochene Zigarettenschachtel, und sie bedankten sich auf Blackfeet: «Sokapi», gut.

Geld wäre ihnen lieber gewesen.

Kurz hinter dem nächsten Block erinnerte ein ehemaliger Handelsposten an bessere Zeiten. In der Blackfeet Trading Post gab es alles, was der Hamburger Indianerfreund zu Hause vermisst: Mokassins aus Elchleder, kunstvoll verzierte Kriegerhauben oder Indianerdecken der Hudson Bay Company. In jeder Ecke war etwas Neues zu entdecken, und ich musste aufpassen, nicht über irgendeine Kiste zu stolpern. Die sakrale Flötenmusik aus dem Kassettenrecorder sorgte für eine Atmosphäre, in der jedes irdische Geräusch unangenehm auffiel.

Marion stöberte in Schubladen, in denen alte Glasperlen aufbewahrt wurden, die so winzig waren, dass man wahrscheinlich Stunden brauchte, um eine einzige davon aufzufädeln. Peter kniete vor einer Glasvitrine und bestaunte den mit Türkisen besetzen Silberschmuck. Ich blätterte in Bildbänden mit historischen Fotos, bewunderte die befiederten Pfeile mit den Steinspitzen, die ich als Kind versucht hatte nachzubauen, strich mit den Fingern über die Felle aufwändig bemalter Trommeln und hielt meine Nase an das bestickte Lederhemd, das an der Wand hing und so roch, als hätte es gestern noch neben einem Lagerfeuer gelegen.

Hier, in diesem kleinen Schmuckkästchen, das es damals noch war, hätte ich Stunden verbringen können. Das «Museum of the Plains Indian» an der Central Avenue West war zwar berühmt für seine seltenen Originale, aber hinter Glas hatte ich so etwas schon häufiger gesehen.

In der Blackfeet Trading Post wurde die Erinnerung an meine Kindheit wieder lebendig, und ich lief Gefahr, schon jetzt meine komplette Reisekasse zu plündern. Zum Glück erinnerte mich Marion daran, dass ich mit meinem Geld noch eine Weile auskommen musste. So entschied ich mich vorerst nur für ein paar edle Federn, eine Musikkassette des Flötenspielers Carlos Nakai, mehrere Postkarten mit den Porträts alter Blackfeet-Indianer und ein bedrucktes T-Shirt mit der Aufschrift «Browning! Best little city in Montana». Die 50 Dollar waren gut angelegt.

Hinter dem Kassentresen saß einer gutaussehender Typ um die 20, der mit seinem Outfit auch durchaus in einer New Yorker Galerie hätte arbeiten können. Er trug ein schwarzes Seidenhemd mit silbernen Knöpfen, die genauso glänzten wie sein langes offenes Haar, in dem eine kleine Adlerfeder hing.

Sein Name sei C. G. (vermutlich die Initialen seines Vor- und Zunamens), und er erzählte, dass er in Seattle geboren sei und dort Grafikdesign studiere. Auf der Reservation sei er nur, um seine Großeltern zu besuchen. Nach den Semesterferien würde er wieder nach Hause fahren.

«Bist du denn ein Blackfeet-Indianer?», fragte ich ihn.

«Ja, das bin ich», antwortete er. «Ich bin ein Pikuni. Genau genommen ein Southern Pikuni!»

Dass das Wort Pikuni der ursprüngliche Name der Blackfeet ist, reimte ich mir zusammen, aber was bedeutete Southern Pikuni?

Die Southern Pikuni, erklärte C. G., würden zu der Gruppe der Blackfeet gehören, die in Montana leben. Die anderen, die Northern Pikuni, seien in Kanada angesiedelt, in Alberta, genauso wie die beiden anderen «Bands» des Stammes, die Kainah und die Siksika.

«Aber wir, die Pikuni», sagte er selbstbewusst, «sind schon damals, bevor die kanadische Grenze durch unser Land gezogen wurde, die größte Gruppe der Blackfeet gewesen.»

Auf meine Frage, woher denn der Name Blackfeet eigentlich komme, konnte er nur spekulieren. Vielleicht habe es damit zu tun, dass die Mokassins seiner Vorfahren durch die Asche verbrannter Wiesen schwarz gefärbt gewesen seien und es sich die Weißen schon damals einfach gemacht hätten: schwarze Schuhsohlen gleich schwarze Füße!

«But don't worry about that!», beruhigte er mich. Es sei völlig in Ordnung, wenn ich ihn und seine Leute weiterhin als Blackfeet bezeichnen würde.

Er schmunzelte, zeigte auf seine schwarzen Boots und packte meine Sachen in eine Plastiktüte.

«Have a good time in Blackfeet Country!»

Wieder auf der Straße, sah ich vor einem Haus ein kleines Mädchen, das zwischen Autoreifen auf einem kaputten Schaukelpferd saß.

Das ist es. Das bringt die indianische Gegenwart auf den Punkt, sagte ich mir und packte zum ersten Mal meine Kamera aus. Dieses Bild musste ich festhalten. Es war für mich die moderne Version einer alten Skulptur, die zu einem Symbol für das Ende der «Great Buffalo Days» geworden ist. Sie nennt sich «The End of the Trail» und stellt einen Krieger dar, der mit geneigtem Haupt auf einem Pferd sitzt.

Nachdem ich mein Teleobjektiv aufgeschraubt hatte und nun die Schärfe einstellte, hörte ich plötzlich einen lauten Schrei: «Hey, white man!»

Ich zuckte zusammen, als sei neben mir ein Blitz eingeschlagen, und wusste sofort, dass ich gemeint war.

In einem Reiseführer hatte ich gelesen, dass man auf einer Reservation besser um Erlaubnis bittet, bevor man einfach losfotografiert. Ganz ehrlich: Ich hatte mich umgeschaut, aber niemanden gesehen. Natürlich hätte ich auch auf jemanden warten können. Aber ich befürchtete, dass das Mädchen gleich wieder verschwinden würde, und auf das potenzielle «World Press Photo of the Year» wollte ich nicht verzichten.

«What are you doing? You can't do that!», wurde ich jetzt noch einmal angeschrien. Ich schaute mich um und sah in das wütende Gesicht eines Mannes, der am offenen Fenster stand. Mit seiner hellen Haut und den Geheimratsecken sah er zwar nicht gerade wie ein typischer Indianer aus, aber so wie er mich attackierte, musste er wohl einer sein.

«Don't shoot any pictures here, white man. This is private property!»

In der letzten Stunde war ich an einigen Hinweisschildern vorbeigelaufen, die darauf aufmerksam machten, dass sich hinter ihnen Privatgelände befindet: «Betreten verboten!» Eines informierte sogar darüber, dass man bei Zuwiderhandlung erschossen werden würde. Aber hier war kein Schild, und außerdem stand ich auf einem öffentlichen Fußweg. Dennoch entschuldigte ich mich dafür, möglicherweise einen Hinweis übersehen zu haben, und fragte vorsichtig nach, warum ich denn eigentlich nicht fotografieren dürfe.

«No, you can't do that!», war seine Erklärung. «You can't take any pictures of this house over there!» Das Mädchen erwähnte er gar nicht. «This house is my brother's house. It belongs to my family, you know. Why do you wanna shoot it?»

Ich kam nicht dazu, ihm zu antworten, und befürchtete, dass ich gleich der Reservation verwiesen würde, wenn mir nicht irgendetwas Kluges einfiele. Marion und Peter konten mir nicht helfen. Sie waren schon vorausgegangen und bekamen nicht mit, was hier passierte.

Nachdem kurz Ruhe eingekehrt war, kam der Mann plötzlich aus dem Haus gerannt, streckte seine Hand aus und sagte ganz nüchtern: «300 bucks!»

Wie bitte? 300 Dollar!? Für ein einziges Foto, das ich noch einmal gemacht hatte?

Ich weiß nicht, wie hoch der Preis damals war. Aber wer heute als professioneller Fotograf auf der Reservation arbeiten will, braucht vom Stamm eine Genehmigung, die genau 300 Dollar kostet. Aber zum einen war ich kein Profi, und zum anderen hatte ich von dieser Regelung nichts gewusst. Außerdem hatte er gar nicht nach meiner Erlaubnis gefragt.

Der Versuch, ihn davon zu überzeugen, dass ich weder das Haus seines Bruders noch irgendetwas anderes fotografiert hatte, war zwecklos.

Ich hatte die Wahl: money or trouble!

Ich holte noch einmal tief Luft, gab ihm zu verstehen, dass es mir wirklich sehr leid täte, einen Fehler gemacht zu haben, und hoffte auf etwas Nachsicht.

«I am very, very sorry. But this is my first time here on the reservation. I had no idea about these things!»

Das stimmte zwar nicht ganz, aber irgendetwas musste ich ja sagen, um die Situation ein wenig zu entspannen.

Ein paar Minuten später waren aus 300 Dollar 100 geworden. Einen Moment später 50, dann 25, und bei 10 Dollar gab es schließlich ein Shake hands. Dafür musste ich ihm aber versprechen, die Kamera sofort einzupacken. Auf diesen Deal konnte ich mich einlassen – ein schlechtes Gewissen hatte ich trotzdem. Man kann mich ein Arschloch nennen, aber von einem Indianer als Weißer Mann beschimpft zu werden ist wirklich übel!

Als ich Peter und Marion später von meinem Erlebnis erzählte, waren auch die beiden sich nicht sicher, was sie von dieser Geschichte halten sollten. Am Ende kamen wir zu dem Schluss, dass ich diesen stolzen Indianer nur darin bestätigt hatte, jederzeit von seinem Grundrecht Gebrauch machen zu können, allen Weißen in den Hintern treten zu dürfen.

Ich nehme es vorweg: In den kommenden Jahren bin ich zwar nie von der Reservation geflogen, geschweige denn beschossen worden, aber die eine oder andere Begegnung dieser Art sollte ich auch später noch haben – trotz Arbeitserlaubnis, Foto- beziehungsweise Drehgenehmigung.

Vor ein paar Monaten rief mich ein befreundeter Blackfeet an und erzählte mir, dass ihn ein Stammeskollege aufgesucht habe, der der Meinung war, dass ich ihm noch Geld schulde, weil ich angeblich irgendwann sein Auto gefilmt hätte. Ende der neunziger Jahre wurde ich sogar einmal von der Tribal Police abgeführt und in die Wache gebracht. Kurz zuvor hatte ich mich, während ich meine Videokamera in der Hand hielt (allerdings ohne zu filmen), eine Weile mit einem Wachmann der Bingo hall unterhalten und scheinbar zu viele neugierige Fragen gestellt.

Als die Stammespolizei anrückte, konnte ich mich nicht ausweisen, weil ich meine Papiere nicht dabeihatte. Erst nach einem klärenden Telefonat auf der Wache durfte ich wieder gehen.

bwohl es auf der Reservation immer noch ein paar Leute gibt, die allergisch auf weißhäutige Filmemacher oder Fotografen reagieren, ist die Zeit in Browning nicht stehengeblieben. Nicht nur das große Kasino am Ortsausgang, sondern auch die Einfamilienhäuser im Neubauviertel am Stadtrand widersprechen dem klassischen Bild einer heruntergekommenen Indianer-Reservation. Das Beton-Tipi, das Jahrzehnte leer stand, ist mitterweile ein kuscheliges Café mit Huckleberry-Muffins, Cappuccino und einer Veranda. Aus der kleinen Trading Post an der Main Street ist ein großer Ethno-Supermarkt geworden. Und gleich gegenüber haben sich zwei Fastfood-Restaurants niedergelassen.

Ehrlich gesagt berührt mich das alles nicht besonders. Richtig frustriert bin ich nur, wenn ich heute am Ende der Central Avenue West vor der zugenagelten Tür meines ehemaligen Stammlokals stehe – dem Montana Restaurant.

Das Montana Restaurant war Imbiss und Kasino zugleich. Das Kasino befand sich in einem Séparée, genauer gesagt in einem Anbau, der auch mal eine Garage gewesen sein könnte. Die dünnen Wände waren weiß gestrichen und der Boden mit grauem Linoleum ausgelegt. Darauf standen drei Daddelautomaten und ein Batmanflipper aus der ersten Generation. An der Decke hingen drei Glühbirnen, von denen meistens nur eine funktionierte. Im Hauptraum, dem Restaurant, standen fünf rustikale Holztische mit Plastikdecken, die ebenso rotweiß kariert waren wie die Vorhänge an den Fenstern. An den mit Backstein-Imitat tapezierten Wänden hingen diverse Wild-West-Aquarelle: ein Krieger in der Prärie, ein Krieger in den Bergen, ein Krieger vor einem Tipi. Auf dem Fußboden lag ein Teppich in den Farben Abgetreten-Grau und Kaffeefleck-Braun.

Vor der offenen Küche stand ein Tresen aus Sperrholz, und über der Durchreiche hing eine beleuchtete Menükarte, die alles enthielt, was das Fritteusenherz begehrt: Pommes, Hamburger, Cheese- und Doubleburger, Fish and Chips und Indian Taco, Rib-Eye-Steak, Chicken Fry Steak, Turkey Sandwich und Tuna Sandwich, Chili and Frybread und Chili Dog …

Hier saß ich bei jedem meiner Besuche nach dem Essen oft noch stundenlang und schrieb Tagebuch, Briefe und Postkarten. Und da viele Blackfeet sehr kommunikativ sind, lernte ich dabei fast jedes Mal neue Leute kennen: die elegante Stammesälteste Cyntha Kipp zum Beispiel, die stolz auf ihre deutschen Vorfahren ist, gern einmal das Schloss Neuschwanstein sehen würde und in ihrem Haus (neben zahllosen Germany-Videos) eine Kuckucksuhr hütet wie einen Goldschatz. Oder auch den liebenswerten Jerry, der aussieht wie ein spitzbübischer Film-Indianer und es als Schauspieler sogar bis nach Hollywood geschafft hat. In dem Film «Geronimo» spielt er in einer Szene neben Gene Hackman den fünften Apachen von links. Doch Jerry ist nicht nur Schauspieler, er hat auch das Zeug zu einem echten

Comedian. Auf der Reservation wird er häufig «The Crazy Man» genannt, weil ihm keine Pointe zu schade ist.

Als Peter, Marion und ich 1993 das Montana Restaurant zum ersten Mal betraten, saß Jerry mit ein paar Kumpels am Tisch und feuerte sofort einen seiner Jokes ab. Vielleicht lag es an der Lederfransenjacke, mit der Peter herumlief, vielleicht aber auch an der Falkenfeder, die ich aus Deutschland mitgebracht hatte und die jetzt an meiner Stoffmütze hing.

«Hey, Indians in town», rief Jerry quer durch den Laden und tat, als würde er mit zwei Revolvern auf uns schießen. Mit seinem schwarzen Stetson, dem Django-Mantel und den Sporen an den Stiefeln hätte er tatsächlich einen schießwütigen Gangster in einem Italo-Western abgeben können.

Als er den imaginären Rauch von seinen Fingern gepustet hatte, grinste er bis über beide Ohren und lud uns dazu ein, an seinem Tisch Platz zu nehmen: «Pukseput. Come over here and have a seat!»

Na gut. Warum nicht? Wir waren schließlich hier, um Leute kennenzulernen!

Nachdem er uns seinen vollen Namen verraten hatte, Jack Hawk Plume, kam mir die spontane Idee, meinem Namen eine amerikanische Note zu verpassen, und stellte mich ihm als «Raymon Kraymer» vor.

In Deutschland war ich mit meinem Namen eigentlich immer sehr zufrieden gewesen; Ramon klingt wesentlich feuriger als Jürgen oder Heinz-Rudolf und kommt meinem südländischen Naturell auch weitaus näher. Wenn ich bei Frauen punkten will, kann ich sogar damit angeben, dass in meinen Adern spanisches Blut fließt und ich eigentlich Ramón García heißen müsste. Mein Opa väterlicherseits war ein geborener Spanier, ein reisender Womanizer, der meine Großmutter geschwängert und daraufhin das Weite gesucht hatte. Deshalb habe ich meinen spanischen Opa auch nie getroffen. Und wenn ich ehrlich bin, habe ich bis auf diese Geschichte nichts mit Spanien am Hut. Meine ganze Familie nicht. Meinen Vornamen verdanke ich nicht meiner Herkunft, sondern einem Wortspiel meiner Eltern: Mein Vater heißt Rafael, meine Mutter Monika. Man nehme die Anfangsbuchstaben und füge sie zusammen: Ra-Mon! Doch soviel Aufmerksamkeit ich in Deutschland wegen meines Vornamens auch immer wieder bekomme, so wenig Wert hatte er für mich in Montana. Kramer schon gar nicht. Raymon Kraymer klingt einfach cooler. Und weil mir Jerry auf Anhieb sympathisch war, bot ich ihm gleich darauf das «Du» an: «But for you: You can call me Ray!»

Schlagfertig erwiderte er: «Okay, You-can-call-me-Ray, I am Jerry. And where are you from?»

«I am from Germany, from Hamburg!», antwortete ich und gab ihm damit die perfekte Vorlage.

«Sooo, you are a real Hamburger. You don't look like one»,

grinste Jerry und fragte nun ganz trocken: «Do you wanna play Indian?»

«Ähh», stammelte ich. Und noch bevor ich mir eine Antwort überlegt hatte, stellte er fest, dass mir schließlich auch nichts anderes übrigbliebe, weil ich ja kein echter Indianer sei, sondern ein Naapiikoan.

Naapiikoan? Ich konnte mir denken, was das bedeutete.

«Na, du bist ein Naapiikoan!», wiederholte er. «Das ist Blackfeet und bedeutet Weißer Mann! Hast du ein Problem damit, ein Naapiikoan zu sein?»

«Wieso fragst du?»

«Na, so ist das bei vielen Weißen, die hierherkommen. Und du machst den Eindruck, als wärst du gern einer von uns!»

Natürlich hatte er recht, doch auf so viel Direktheit war ich nicht vorbereitet.

«Ja, weißt du», druckste ich herum, «als Kind habe ich mir oft gewünscht, ich wäre als Indianer geboren worden!»

«Tja, You-can-call-me-Ray!» Jerry schaute mich fast mitleidig an. «Da hast du Pech gehabt!»

«Pech gehabt?»

«Ja, wäre dein Opa ein Blackfeet, dann wärst du jetzt auch ein amerikanischer Ureinwohner!», sagte er und ging zum Küchentresen, um sich einen Hamburger zu bestellen. Aus seiner Bemerkung schloss ich, dass man gar kein Vollblutindianer sein muss, um zu einem Stamm zu gehören.

«Genau!», bestätigte Jerry, als er zurück an den Tisch kam. «Alles, was du brauchst, ist ein Opa oder eine Oma!»

Jeder Stamm hätte da seine eigene Regelung, erklärte er, und viele Mitglieder des Blackfeet-Stammes seien gar keine Fullbloods.

«Ein Mitglied?», stutzte ich und wollte wissen, ob man durch eine Heirat ein Mitglied des Stammes werden könne, schließlich betrachten sich die Blackfeet nicht nur als Stamm, sondern

auch als Nation. Auf
ihrer blauweißen Fahne prangt
«Blackfeet Nation».

«Wenn du deine hübsche Naapiiaaki gegen eine Blackfeet ein-
tauschen willst», lachte er, «bin ich dabei. Dann wären wir auf jeden Fall gute Freunde, aber ein Indianer wirst du trotzdem nie!»

Während des ganzen Gespräches vergewisserte ich mich bei
Marion, ob ich ihn richtig verstanden hatte. Zum einen war
mein Englisch immer noch eine Katastrophe, und zum anderen
war ich ziemlich verwirrt über die ernüchternde Tatsache, dass
selbst ein John Dunbar alias «Der mit dem Wolf tanzt» in der
heutigen Zeit kein offiziell anerkanntes Mitglied seines Stammes sein würde.

«That's right!», nickte Jerry und klopfte mir freundschaftlich
auf die Schulter. «You are a nice guy anyway!»

Er biss in seinen Burger, verzog das Gesicht und sagte mit
vollem Mund: «Better a good Naapiikoan than a bad Hamburger!»

Das war zwar nett gemeint, aber zufrieden war ich trotzdem

nicht. Ich könnte mir die Haare bis zum Hintern wachsen lassen und mir noch 100 Federn an die Mütze binden. Ich könnte mich von Marion trennen und eine Blackfeet-Frau heiraten. Ich könnte meine Wohnung in Hamburg aufgeben und bis zum Ende meiner Tage auf der Reservation in einem Tipi leben. Ich könnte alles über die Kultur der Blackfeet wissen und sogar ihre alte Sprache fließend sprechen. Ja, selbst wenn ich der Präsident der Vereinigten Staaten wäre und den Ureinwohnern ihr Land zurückgäbe – in diesem Leben werde ich immer ein Weißer Mann bleiben!

Viele Sommer später, im Jahre 2007, ließ ich mir in der Blackfeet Trading Post ein Baseballcap mit der Aufschrift «Naapiikoan» anfertigen und spazierte damit breit grinsend durch Browning. Als Jerry an mir vorbeifuhr, rief er durchs offene Fenster: «Hey Naapiikoan. Good to see you. Welcome back!»

Brief an einen Freund

Blackfeet Reservation,
28. Juni 1993

Hi Uli!

Wenn du auch irgendwann mal auf die Idee kommen
solltest, durch den Wilden Westen zu reiten, musst du
dich auf einiges gefasst machen. Das ehemalige Grenzland ist zwar nicht mehr das, was es einmal war, doch
es ist immer noch wild genug, dich aus dem Sattel zu
hauen. Am Anfang unserer Reise hat noch alles gut
geklappt: Andy, unser deutsch-kanadischer Outfitter,
der in unserem Auftrag die Pferde organisiert hat,
ist ein echter Vollprofi. Nachdem er sie uns auf einer
Ranch in der Nähe von Calgary übergeben hat, sind
wir wie geplant einen Tag später von einem Horsetruck über die kanadische Grenze nach Shelby, Montana, gebracht worden. Du erinnerst dich? Die letzten
60 Meilen wollten wir durch die
offene Prärie mitten ins

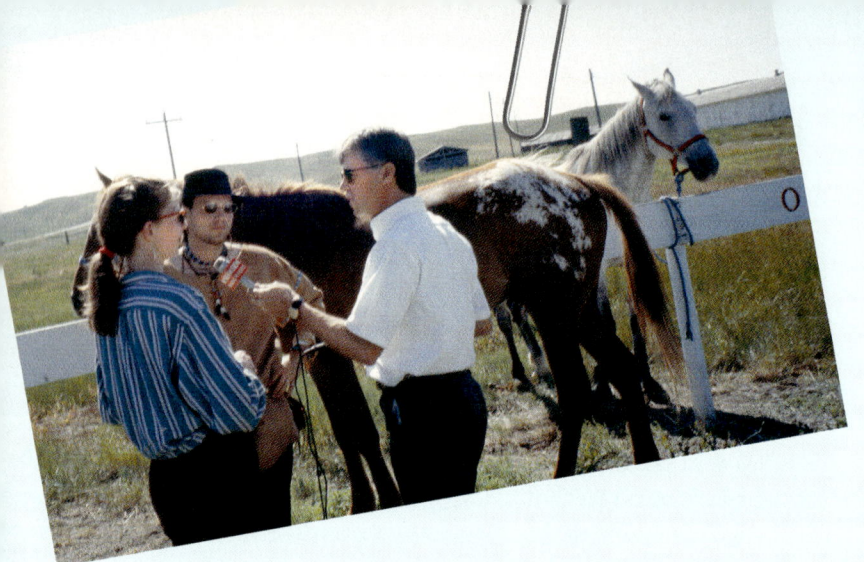

Blackfeet-Land reiten. Aber zum einen ist die Prärie
gar nicht offen, sie ist voller Zäune, und zum anderen hatten wir die Rechnung ohne Shammy gemacht
(Shammy ist eines unserer drei Packpferde). Als wir
ihn mit unseren Klamotten beladen hatten, fing er
auf einmal an, so lange auf der Stelle herumzuhüp-
fen, bis das ganze Gepäck im Staub lag – und zu allem
Überfluss verstauchte er sich dabei auch noch einen
Knöchel. Unseren Plan B, den Weg entlang des Highways zu nehmen, konnten wir nun auch vergessen;
Shammy brauchte Ruhe.
Ich war tierisch frustriert – zumal wir jetzt in einem
Kaff festhingen, das öder ist als das ödeste Kaff in
der gesamten Prärie.
Irgendwann soll Shelby mal eine wilde Westernstadt
gewesen sein mit einem Saloon voller Ladys in
Rüschenkleidern und einem betrunkenen Ragtime-
Pianisten, während in der Bar die Fäuste flogen –
das war einmal. Heute führt eine gepflasterte Durch-

fahrtsstraße an 999 langweiligen Holzhäusern vorbei, die von ihren Bewohnern jeden Sonntag neu gestrichen werden. Mittendrin gibt es noch ein China-Restaurant, das anstelle von Sojasoße Maggi serviert, und ein Diner für grummelige Lkw-Fahrer, denen der Ketchup in den Bärten klebt.

«Entschuldigung, gibt es hier einen Tierarzt?»
«Ja, ein paar Meilen westwärts.»
«Gibt es hier jemanden mit einem großen Pferde-anhänger, der uns auf die Blackfeet Reservation bringen könnte?»
«Ja, ganz bestimmt, aber wo liegt die denn?»
«Etwa eine Autostunde von hier in Richtung der Berge.»
«Oh, interessant. Habe gar nicht gewusst, dass es hier in der Nähe eine Indianer-Reservation gibt!»
«Kennen Sie denn Browning?»
«Oh yeah, of course. A good town to drive through!»

Ich sag's dir, Uli: Sechs Tage Shelby waren mindestens fünfeinhalb zu viel. Wenn irgendwo der Präriehund begraben liegt, dann in diesem gottverlassenen Nest.
Es dauerte ganze zwei Tage, bis der Tierarzt kam und Marions Diagnose bestätigte. Doch es dauerte nur ein paar Stunden, bis alle Shelbianer wussten, dass sich auf ihrem Pferderennplatz drei Deutsche einquartiert hatten, die wie ihre Vorfahren gen Westen reiten wollten. Und als dann noch ein Reporter an unser «Scheunentor» klopfte und einen Tag später ein Beitrag über uns im Radio lief, kamen permanent Leute vorbei, um uns die Hände zu schütteln. «Wow!

Ihr erinnert mich an meine Urgroßeltern, die einst mit dem Planwagen herkamen», erklärte ein Nachfahre von Ben Cartwright, stieg von seinem Trecker und schenkte Marion seinen weißen Cowboyhut. Wir waren eine echte Attraktion. Dennoch dauerte es noch weitere drei Tage, bis wir endlich jemanden mit einem Horsetruck fanden, der die Zeit hatte, uns zu unserem eigentlichen Zielort zu bringen. Du kannst dir vorstellen, wie erleichtert ich war, als wir Shelby hinter uns ließen. Doch kaum waren wir im Land der Blackfeet angekommen, schlitterten wir in die nächste Katastrophe. Als wir am Fuß der Rockies im Nordwesten der Reservation abgesetzt wurden, spielte das Wetter verrückt. Ich sag nur Ee-Soo-Poo. Das ist Schwarzfußindianisch und bedeutet Heavy Wind. Auf Deutsch heißt das: Du baust dein Zelt in einer Viertelstunde auf, und ein Blizzard baut es dir in einer Sekunde wieder ab. Dazu Blitz und Donner, prasselnder Regen und Hagelkörner so groß wie Tischtennisbälle. Das reinste Inferno. Wenn David nicht gewesen wäre, hättest du jetzt wahrscheinlich einen Busenfreund weniger.

David ist unser indianischer Gastgeber, auf dessen Land wir uns ausbreiten und unsere sechs Pferde grasen lassen dürfen. Dafür werden wir ihm am Ende der Reise die Pferde zum halben Preis überlassen. Unser Outfitter hat den Kontakt zu ihm hergestellt und damit voll ins Schwarze getroffen. David ist ein echter Supertyp, und mit seinen langen schwarzen Zöpfen sieht er richtig indianisch aus. Sein Schnauzbart hat mich anfangs ein bisschen irritiert. Vielleicht hat er ihn ja deshalb mittlerweile abrasiert. Anyway, ohne David stünden wir jetzt ziemlich dumm da.

Nachdem der Sturm
unser Wigwam zerfetzt hatte
und wir wie die begossenen Pudel vor seiner
Haustür standen, griff er sofort zum Telefon, um
uns einen Wohnwagen zu organisieren. Ist das nicht
unglaublich? Früher hätten uns die Blackfeet noch
mit Pfeil und Bogen beschossen, und jetzt stellen sie
uns ein «Haus» hin. Mietfrei, versteht sich. Und weil
es draußen ziemlich kalt ist, hat David extra noch einmal die Gasflasche aufgefüllt, damit wir ein bisschen
heizen können. Das nenne ich Gastfreundschaft. Doch
das war noch lange nicht alles. Gestern bot uns seine
Frau Marylin auch noch an, ihr Auto zu benutzen.
Der Schlüssel sei im Handschuhfach. Warum die das
machen? Keine Ahnung!
Ich glaube, die beiden finden uns irgendwie verrückt.
Ich habe mal gehört, dass Indianer Verrückte sympathisch finden. Auf jeden Fall lächeln sie immer,
wenn sie uns sehen. Leider sind sie nur sehr selten
zu Hause. Marylin hat einen festen Job in Browning
in der Bleistiftfabrik, und David führt fast jeden Tag

von morgens bis abends betuchte Touristen ins Hinter-
land, um ihnen zu zeigen, wie man einen Lachs fängt.
Nun ja, ob wir nun crazy sind oder nicht, unsere
Reise scheint sich anders zu entwickeln als gedacht.
Den Ritt ins Badger-Two Medicine können wir erst
einmal abschreiben. Seit unserer Ankunft vor einer
Woche schickt uns Manitou einen «Ee-Soo-Poo» nach
dem anderen. Und bei diesem Wetter in die Wildnis der
Berge zu reiten wäre ein ziemlicher Wahnsinn.
Aber was soll's! Wir haben ein Dach über dem Kopf,
einen Mustang auf vier Rädern und lernen jeden Tag
neue Leute kennen. Ich bin froh, dass wir endlich
hier sind.

Liebe Grüße aus dem verregneten Indianerland

Ramon
(But-you-can-call-me-Ray)

PS: Ich habe gerade daran gedacht, wie wir beide zu
Ines' Geburtstagsparty auf der B5 in Richtung Husum
gefahren sind. Weißt du noch? Du warst von der Landschaft ganz begeistert, aber du solltest erst mal die
Natur hier sehen. Dieses Land ist so weitläufig, dass
man gar nicht weiß, wo man zuerst hingucken soll.
Kaum zu glauben, dass in Montana fast eine Million
Menschen leben. Ich frag mich die ganze Zeit, wo die
sind. Aber na ja, immerhin ist Montana so groß wie
Deutschland. Die Prärie ist jedenfalls ein absoluter
Traum, vor allem im Land der Schwarzfuß. Bis zur Reservationsgrenze hatte ich noch befürchtet, sie würde
nur aus Mähdreschern bestehen. Aber hier sieht die
Prärie noch so aus, wie sie auszusehen hat – Meile für

Meile wildwucherndes Gras. Da fällt es etwas leichter, sich die Zäune wegzudenken, und mit ein bisschen Phantasie wird aus ein paar weidenden Rindern
schnell eine donnernde Büffelherde.
Und die Rocky Mountains? Was soll ich sagen?
Gigantisch!

PPS: Wahrscheinlich sind wir seit 100 Jahren die
ersten Weißen, die die verrückte Idee hatten, auf
einem Pferd die Prärie zu durchqueren. Ohne Auto
läuft hier gar nichts.

Das indianische Oktoberfest

Als Hamburger, der sich für die Kultur bedrohter Völker interessiert, wundert es mich selbst, dass ich noch nie in München war, um das Oktoberfest zu besuchen. Dirndl und Lederhosen, Alphörner und Schuhplattler – wer weiß, wie lange es das noch gibt? Die Globalisierung hinterlässt nicht nur in der Prärie ihre Spuren. Doch so bedeutend das Oktoberfest auch sein mag, mein Volksfest Nummer eins wird jedes Jahr im Juli in Browning, Montana, gefeiert: die North American Indian Days – das legendäre Powwow der Blackfeet.

Von den zahllosen Powwows, die von den meisten der 500 Indianerstämme in den USA veranstaltet werden, zählen die North American Indian Days zu den ältesten. Es heißt, dass Anfang der fünfziger Jahre ein Weißer Mann namens Patty aus Great Falls nach Browning gekommen sei, um die Schwarzfuß für die Idee eines öffentlichen Festes zu begeistern. Was kurz darauf im Jahr 1952 mit einer kleinen Tanzveranstaltung begann, ist mittlerweile zu einem Spektakel geworden, das weit über die Grenzen Montanas hinaus bekannt ist und Tausende von Besuchern anzieht.

Bereits vor meiner ersten Reise zu den Blackfeet hatte ich mich mit den Indian Days beschäftigt. Zu Zeiten von «Der mit dem Wolf tanzt» kam man kaum daran vorbei. Wenn in Büchern, Reisekatalogen oder Fernsehdokus ein mit Federn geschmückter Indianer im Sonnenuntergang auftauchte, war es meist ein Tänzer der Indian Days. Da wollte ich hin, das wollte ich sehen – live und in Farbe. Und im Juli 1993 war es endlich so weit: Nur noch einmal schlafen, und auch ich würde dabei sein.

Mit der Vorfreude auf den morgigen Tag lief ich strahlend durch Browning in Richtung Shopping Mall. Dort stand einer von den sogenannten Street guys, an denen man als Nichtindianer nicht vorbeikommt, ohne angequatscht zu werden. «Ey, Naapiikoan», rief er zu mir herüber, «bist du auch nur wegen der Indian Days in town?»

Wie kam denn der auf diese Idee? Auf keinen Fall wollte ich mit diesen Folkloretouristen verwechselt werden, die nur wegen des Powwows einen Stopp auf der Reservation einlegen. Dieses Missverständnis muss ich sofort aufklären, dachte ich und tappte voll ins Fettnäpfchen. «Ach, weißt du», antwortete ich betont gelangweilt, «Folkloreveranstaltungen sind eigentlich nicht so mein Ding!»

«Folkloreveranstaltung!?», fuhr mich mein Gegenüber barsch an. «Was bist du denn für einer? Das ist unser traditionelles Powwow, Mann!»

Kurz darauf im Supermarkt dieselbe Frage. Doch dieses Mal sagte ich die Wahrheit: «Klar, bin auch deshalb hier. Ich freue mich richtig drauf.» Aber kaum hatte ich dem Verkäufer den Rücken zugedreht, hörte ich ihn einem neugierigen Kollegen zurufen: «Ah, it was just one of these tourists from Germany!»

Wie man es auch macht – meistens ist es verkehrt.

24 Stunden später, am Donnerstag, dem 8. Juli, lautete die erste Notiz in meinem Tagebuch: «Die Zeit des Wartens ist vorbei. Heute Nachmittag geht's los: Powwow time!»

Ich warf mich in mein knallrotes Hemd mit dem indianischen Design, schnappte mir meine gute alte Pentax-Kamera und machte mich mit Marion und Peter auf den Weg in die Stadt. Der Festplatz am Ende der Central Avenue war nicht zu verfehlen. Die vielen Tipis, es waren bestimmt mehr als 30, fielen mir als Erstes auf und ließen mein Herz höherschlagen. Aus der Ferne sah das nach einem richtigen Indianerlager aus. Auf dem Besucherparkplatz vor dem Festgelände drängelten sich bereits die ersten Reisebusse voll mit Touristen; Engländer, Franzosen, Deutsche und Schweden – und vor allem Japaner, die jetzt schon alles fotografierten, was nicht ihresgleichen war.

«You Amelican Indian?», fragte mich einer der Fotojäger aus dem Fernen Osten; wahrscheinlich, weil ich gerade dabei war, meinen Hut mit einer Feder zu schmücken.

«No, I am a German Indian», antwortete ich und wurde sofort umzingelt. Peter, der mit seinen langen grauen Haaren und den Lederklamotten aussah wie der Mann aus den Bergen, verursachte einen kurzzeitigen Verkehrsstau – und Marion, eindeutig die Hübscheste von uns, marschierte schon mal los.

D as Powwow-Gelände erstreckte sich über eine Fläche von etwa fünf Fußballfeldern und war komplett eingezäunt.

Der Eingang lag in einer Seitenstraße, durch die sich eine Autoschlange bis zur Main Street zog. 200 Meter, ein einziges Geknatter und Gestinke: Vierzylinder, die nur auf einem Pott laufen und 25 Liter verbrauchen, verrostete Chevys, Cadillacs und Mustangs, die bei uns auf dem Schrott landen würden und auf der Reservation «Indian Cars» genannt werden – nicht deshalb, weil sie Indianern gehören, sondern darum, weil es meistens Indianer sind, die den Mut haben, sich in solche Autos zu setzen. Bei einigen fragte ich mich, wie die es bis hierher schaffen konnten. Wyoming, Idaho oder Süd-Dakota stand auf den zerkratzten Nummernschildern. Manche stammten sogar aus New Mexico; das sind über 2000 Kilometer. Aber für die Indian Days ist kein Weg zu weit.

Bevor man auf das Gelände durfte, klärte eine strenge Security jeden, ob Indianer oder nicht, über die Verhaltensregeln auf.

«Und was ist mit dir?», wurde ich kritisch beäugt. «Hast du Alkohol, Drogen, Feuerwerkskörper oder irgendwelche Waffen dabei?» Der Powwow-Platz sei «sacred ground», erklärte man mir, heiliger Boden, auf dem alte Traditionen gepflegt und durch nichts gefährdet werden sollen. Aus diesem Grund war heute auch auf der ganzen Reservation kein einziges Bier aufzutreiben; während der Indian Days herrschte damals ein striktes Alkoholverbot.

Alkohol oder Ähnliches hatte ich nicht dabei, doch um möglichen Ärger zu vermeiden, zeigte ich auf meinen Gürtel, an dem wie immer meine halbe Survivalausrüstung hing. «Ah, das ist okay», sagte der Typ von der Security, nuschelte irgendetwas in sein Walkie-Talkie und ließ mich passieren. Glück gehabt! Rasierklingenscharfe Messer, ganz gleich wie groß, schienen hier unter die Kategorie Campingbesteck zu fallen.

Vor 150 Jahren hatten die Schwarzfuß noch in steinzeitähnlichen Verhältnissen gelebt, und als ich nun über den Campground des Powwow-Geländes spazierte, fiel es mir wieder einmal schwer, den Indianern zuzugestehen, dass auch sie ein Recht auf die Bequemlichkeiten der Moderne haben. Wohin ich auch schaute, Wohnmobile über Wohnmobile, Wohnwagen und Iglu-Zelte. Die Tipis waren eindeutig in der Unterzahl. Und das, was eigentlich in jedes gute Indianerdorf gehört, musste leider draußen bleiben; Pferde waren hier verboten – «too dangerous!».

Stattdessen fuhren überall vollbeladene Autos auf der Suche nach einem Lagerplatz herum, der ausreichend Raum bot, um sich dort während der nächsten vier Festtage auszubreiten. Dann wurde alles ausgepackt, was das Campingherz begehrt: Klapptisch und Campingstühle, Kühltasche und Barbecuegrill. Nein, das war kein Indianerlager, das war ein fast normaler Campingplatz, so wie an der Ostsee; selbst wenn hier ein bisschen mehr improvisiert wurde. Aber auch auf deutschen Campingplätzen gibt es Leute, die ihr Terrain mit rotweißem Absperrband markieren. Und das Beste: Von den verhältnismäßig wenigen, die sich die Mühe gemacht hatten, ein traditionelles Indianerzelt aufzubauen, gönnte sich der eine oder andere den Luxus eines eigenen Dixi-Klos, das per Lkw angeliefert und direkt neben dem Tipi platziert wurde – und da blieb es dann auch stehen.

Na gut, die Moderne hat auch ihre Vorteile. In der guten alten Zeit wäre ich hier vermutlich sofort skalpiert worden. Im Hier und Jetzt der Indian Days war der Weiße Mann willkommen – er hatte nichts zu befürchten, mal abgesehen von spielenden Kindern, die mit Wasserbomben warfen, und flinken Taschendieben, vor denen man ständig gewarnt wurde.

ach den ersten 100 Metern auf dem Campground steuerte ich zielstrebig die kreisförmige Tanzarena an, die im Zentrum des Festplatzes stand. Hier sollten die Feierlichkeiten mit dem Great Entry, dem großen Einzug der Tänzer, in eineinhalb Stunden eröffnet werden.

Die Arena hatte einen Durchmesser von etwa 35 Metern und vier Eingänge: Nord, Süd, Ost und West. Auf der Westseite lag die Sprecherkabine des «Master of Ceremony», der gerade dabei war, die Lautstärke seines Mikrophons zu checken: «Test, test. Oki, oki», trötete es durch die Megaphon-Boxen, während die Aufbauhelfer in der Mitte der Arena einen Kunstrasen für die Tänzer ausrollten und für die Trommelgruppen ein paar Kabel verlegten. Bei dem Tempo, mit dem sie ihrer Arbeit nachgingen, konnte man den Eindruck bekommen, die offizielle Eröffnung der Feierlichkeiten würde erst morgen früh beginnen – für den MC die Gelegenheit, mit einem Warm-up seine Qualitäten als Entertainer unter Beweis zu stellen: «Heya workers, don't forget: We are native – be relaxed!»

Am äußeren Rand der Arena, die mehr als 1000 Zuschauer fasste, hatten bereits die ersten Touristen Platz genommen. Normalerweise gehöre ich auch zu den Leuten, die lieber früher als später kommen, doch bis zum Great Entry war noch genügend Zeit für einen Abstecher zur Marktstraße; mal sehen, was es da so gibt … Na klar: Pepsi und Pommes, Popcorn und Japaner, Spielzeug aus Taiwan und Baseballcaps, Tomahawks vom Fließband und Dreamcatcher mit Hühnchenfedern – alles, was man von Jahrmärkten eben so kennt.

Die mit Brettern und Stöcken zusammengezimmerten Marktstände waren zwar ziemlich karg, aber auf mich wirkte das alles ganz romantisch, auch wenn weit und breit keine alten Indianerfrauen zu sehen waren, die mit runzeligen Fingern Teppiche webten.

Hier groovte der professionelle Rastaman zu «Get Up, Stand

Up» zwischen Palästinensertüchern und Glaspfeifen, während gegenüber ein in sich ruhender Stirnbandträger die aktuellen Top-Tapes der New-Age-Hitparaden wie warme Semmeln verkaufte: Indianergesänge und Synthesizer, wahlweise mit Gewitter-Sounds, Windrauschen oder Flussplätschern. Musikinstrumente wie Flöten oder Trommeln, die man auch benutzen kann, waren eine Rarität; genauso wie der indianische Kunsthandwerker, der mit handgegerbten Lederwaren und erlesenen Perlen aus Glas von einem Powwow zum nächsten zieht. Von diesen seltenen Ständen konnte ich mich nur schwer loseisen, und so tauschte ich bereits am ersten Tag mehrere Travellerchecks gegen diverses Indianer-Equipment.

Mit einer Plastiktüte voller Lederbänder, Pfeilspitzen und Süßgras marschierte ich nun an den Armeezelten vorbei, in denen an runden Tischen Black Jack gespielt wurde. Gleich nebenan stand eine überdachte Bretterscheune, die zu einer Seite hin geöffnet war. Hier saßen sich in zwei Gruppen etwa 100 singende Indianer auf Klappstühlen gegenüber. Ihr Outfit: Jeans, Cowboyhut und Westernboots. Zwischen den Reihen lagen im Staub ein Haufen Dollarscheine, die nach jedem «Heya-Heya»-Lied den Besitzer wechselten. Der gleichförmige Rhythmus ihrer Handtrommeln und die sich wiederholenden Melodien hatten etwas Hypnotisches.

Ich wäre gern näher herangegangen, weil ich keine Lust hatte, weiterhin in einem Pulk von Fotojägern zu stehen, doch von den Gesichtern der Trommler ging eine unmissverständliche Botschaft aus: «Ihr könnt zwar zuschauen, aber bleibt, wo ihr seid!»

Mir war sofort klar, dass hier etwas richtig Traditionelles abgehen musste – und so war es auch: ein uraltes Spiel!

Prärieindianer lieben es zu zocken, und die Königsdisziplin des indianischen Zockens ist das Stickgame. Ich habe keine Ahnung, wann das Stickgame erfunden wurde, aber sagen wir es mal so: Es ist sehr, sehr alt, und vieles daran ist meines Wissens immer noch so wie früher. Noch heute treffen sich die Mitglieder rivalisierender Clans oder zweier Stämme beim Stickgame und loten aus, wer der Bessere ist. Es soll vorgekommen sein, dass dabei ganze Pferdeherden verspielt wurden. Angeblich hat der eine oder andere Uropa beim Stickgame sogar seine eigene Frau versetzt beziehungsweise eine weitere hinzugewonnen – so wurde es mir jedenfalls erzählt. Doch heute geht es, wie bei den meisten Spielen, ums Geld – und manchmal sogar um richtig viel. Es soll Stickgame-Turniere geben, in denen über mehrere Tage und Nächte um fünfstellige Summen gezockt wird.

Ich habe schon Stunden damit zugebracht, den Spielern dabei zuzuschauen, wie sie sich mit Pokerblicken gegenseitig abchecken und einzelne Mitspieler, ganz plötzlich, ohne erkennbaren Grund, wild mit den Armen herumfuchteln. Einmal habe ich sogar mitgespielt und fünf Dollar gesetzt. Obwohl ich mir die Regeln habe erklären lassen, weiß ich bis heute nicht genau, warum ich das Geld sofort verloren habe. Wenn es auf den Indian Days etwas gibt, das echt mystisch ist, dann ist es das Stickgame.

Mittlerweile war es bereits nach sechs, und vor Beginn des Great Entry wollte ich unbedingt noch etwas essen. Ich entschied mich für den Imbiss mit der indianischen Menükarte. Hier hießen die Hamburger nicht nur Double oder Cheese, sondern Little Indian, Big Indian und Mega Indian. Und neben den verschiedenen Spezialburgern gab es natürlich auch die berühmteste aller indianischen Spezialitäten: Indian Taco! Man mische Mehl, Wasser und Hefe, frittiere den Teig in reichlich Fett zu einem sogenannten Frybread, lege gekochte Chilibohnen und Hackfleisch obendrauf, etwas Salat, ein großen Esslöffel Schmant und reichlich geriebenen Käse – und fertig ist die leckere Kalorienbombe, die auf keinem Powwow fehlen darf.

Dass es ein traditionell indianisches Gericht ist, darüber ist man sich weitgehend einig. Die Frage ist nur: Wer hat's erfunden?

Während ich mich bei Kaffee und Cola hungrig über meinen

vollen Pappteller hermachte, verfolgte ich am Nebentisch eine Debatte zwischen zwei Männern, in der einer den anderen davon zu überzeugen versuchte, dass der Indian Taco ursprünglich von den Ureinwohnern des heutigen Mexikos stamme. «Was meinst du denn, woher die Chilibohnen kommen?»

«Okay, aber auf die Bohnen kommt es doch gar nicht an», wurde erwidert, «es ist die Basis, das Frybread, und das kommt eindeutig von Prärieindianern!» Und weil seine Familie bereits seit Jahrzehnten Frybread auf Powwows verkaufte, behauptete er, dass der Indian Taco eigentlich Blackfeet Taco heißen müsse.

Ich hätte gern länger zugehört, doch als sich mein eben verspeister Taco plötzlich in Form von unkontrollierbaren Luftschüben bemerkbar machte, hielt ich es für besser, auf dem schnellsten Weg das nächste Klo anzusteuern; schon seit Tagen hatte ich so ein unangenehmes Gefühl im Magen-Darm-Bereich. Ich hätte besser bei Zwieback und Kräutertee bleiben sollen. Nun hatte ich den Salat: eine Sitzung auf einem modernen Donnerbalken, dem Dixi-Klo. Allein bei der Vorstellung drehte sich mir der Magen um: Tausende ehemaliger Indian Tacos unter mir, über deren Herkunft kein Zweifel bestand. Aber ich hatte keine Wahl; mit zusammengekniffenen Pobacken stand ich in einer Reihe wartender Menschen und wollte es schnell hinter mich bringen.

Bei den Blackfeet ist Geduld eine Tugend. Wartezeiten werden mit klassischen Smalltalks überbrückt: Wo kommst du her, wo willst du hin?

«Ich komme gerade von der Imbissbude und bin jetzt auf dem direkten Weg zum Klo», antwortete ich füßetrippelnd auf die Fragen des Tänzers, der in voller Montur vor mir stand. Sein Lederkostüm sah richtig chic aus, doch in diesem Augenblick dachte ich nur daran, wie lange er wohl brauchen würde, um es auszuziehen. Und by the way: Was machte der wohl mit seiner riesigen Federhaube? Behielt er die auf, oder hängte er sie draußen an den Griff?

In der Hoffnung auf die richtige Reaktion fragte ich ihn, ob er schon einmal von der Rache Montezumas gehört habe.

«Montezuma?», antwortete er. «Wer ist das denn?»

«Das kann ich Ihnen jetzt wirklich nicht erklären, you know, my English is not so good, aber wären Sie so freundlich, mir den Vortritt zu lassen?»

«Oh, I am not sure if I can do that for a white man!», erklärte er, lächelte verschmitzt und drückte schließlich doch ein Auge zu.

Als ich die Klotür öffnete, bestätigten sich meine schlimmsten Befürchtungen. Doch es gab keine Alternative – Nase zu und durch.

In Notsituationen ist der Mensch ja glücklicherweise in der Lage, Grenzen zu überwinden und versteckte Kräfte zu mobilisieren, und das war auch dringend nötig. Denn als ich mein Geschäft – beinahe frei schwebend – hinter mich gebracht hatte, musste ich mit Erschrecken feststellen, dass es kein Klopapier mehr gab.

Jetzt ganz ruhig, Ramon. Nicht aufregen. Denk nach!

Irgendwann hatte mir mal jemand erzählt, dass die Menschen in arabischen Ländern niemals mit der linken Hand ins Essen fassen würden. Denn angeblich würden sie … Bäh, das ist ja echt eklig, so etwas mache ich definitiv nicht!

«Ladies and Gentlemen. The Great Entry will start in a few minutes!», schallte die Stimme des MCs aus der Arena mitten in mein ungelöstes Problem und kündigte ausgerechnet jetzt den Beginn der Eröffnungszeremonie an.

Shit! Die wollten glatt ohne mich anfangen!

Ich kramte hektisch in meinen Hosentaschen nach irgendetwas Brauchbarem. Doch da war nichts, nicht einmal ein alter Taschentuchfetzen. Der Verzweiflung nahe, öffnete ich ganz vorsichtig die Tür, um durch einen kleinen Spalt nach Marion und Peter Ausschau zu halten. Vergeblich! Die saßen wahrscheinlich schon längst in der Arena. Der freundliche Indianer hingegen war noch immer da. Als er meinen etwas verkrampften Blick sah, grinste er bis über beide Ohren und schien sofort zu wissen, was los ist, aber auch er hatte nichts dabei, was mir hätte weiterhelfen können.

Stattdessen drehte der MC jetzt richtig auf: «Come to the arena. We're gonna start right now!»

Wenn es etwas gibt, worüber ich überhaupt nicht lachen kann, dann sind es Fäkalwitze – vor allem dann nicht, wenn ich in deren Mittelpunkt stehe. Daher möchte ich auch auf die folgenden Minuten nicht weiter eingehen. Aber eines kann ich sagen: Wo ein Wille ist, ist auch ein Weg. Und als ich schließlich, dank einer zündenden Idee, die Arena erreichte, wurde ich für all meine Qualen belohnt. Denn da waren sie endlich – meine besten Freunde, genau so, wie sie mir als Kind ans Herz gewachsen waren: mit Mokassins und Fransen, Kriegsbemalung und Federhaube, wild umhertanzend, unter dem Dröhnen einer Trommel, die so viel Druck hatte, dass der Boden unter ihr erzitterte.

«Ja! Wenn ihr Amerika zurückerobern wollt, ich bin dabei!», hätte ich ihnen gern zugerufen. Aber leider waren diese Indianer keine Krieger auf dem Kriegspfad, sondern Powwow-Tänzer, Profis und Amateure. Und die meisten von ihnen waren nur deshalb hier, um an den Tanzwettbewerben teilzunehmen. Die weißen Zettel mit den Startnummern an ihren Kostümen waren unübersehbar. Aber solche Details will man eigentlich gar nicht wissen. Irgendwann ist es auch mal gut mit der Aufklärung. Die Tänzer des Great Entry legten bestimmt auch keinen Wert auf die Information, dass unter ihren Bewunderern jemand saß, der keine Unterhose trug.

Doch ob echte Krieger oder nicht: Für mich waren es meine alten Helden, die nun zu Hunderten in die Arena tanzten, als hätte es Kolumbus niemals gegeben. Sie stampften und hüpften, bewegten sich würdevoll gemessenen Schrittes mit erhobenem Haupt oder drehten sich wie Brummkreisel, dass einem beim Zuschauen schwindelig werden konnte – geschmückt mit Metallglöckchen an den Füßen und Hermelinschweifen im Haar, Brustpanzern aus Tierknochen und großen Fächern aus Adlerfedern. Und während eine Trommelgruppe die Tänzer mit einem energiegeladenen Powwow-Song begleitete, heizte der MC zusätzlich die Stimmung auf:

«Heeey-yaaa, hey», brüllte er ins Mikrophon, als sei er der DJ einer Großdiskothek, «Welcoooome to the Nooorth American Indian Days. Thiiis is the Greeeeat Entry. Heeey-ya, hey…»

Verschmolzen zu einem quietschbunten Knäuel aus Leder- und Stofffransen, war in der wabernden Menge jetzt kaum noch zu erkennen, welches Gesicht zu welchem Kostüm gehörte. Ich war begeistert, schnappte mir meine Kamera und zoomte mich ganz nah ran. Und während ich knipste, was das Zeug hielt, sprangen auf einmal ein paar amerikanische Soldaten in meinen Fokus: junge Blackfeet in Uniform und mit Orden behängte Kriegsve-

teranen, die Häuptlingshauben trugen – mitten unter den Tän-
zern.

Das müssen die sogenannten Apple Indians sein, folgerte ich,
die Assimilierten: außen rot und innen weiß! Doch was hatten
die ausgerechnet hier verloren? Sollte es bei den Indian Days
nicht darum gehen, alte Traditionen zu pflegen und sie durch
nichts zu gefährden?

T atsächlich ist es so, dass Stammesmitglieder, die beim Mili-
tär sind oder waren, auf der Reservation für ihren Mut ver-
ehrt werden und in der Eröffnungszeremonie der Indian Days
eine wichtige Rolle spielen. Wenn nach dem Great Entry der
«Flag song» ertönt, versammeln sich alle Tänzer hinter ihnen,
während sie in vorderster Front strammstehen und vor den Fah-
nen der Blackfeet und der USA salutieren.

«Entschuldigung, Sir, ich würde gern wissen, was einen amerikanischen Ureinwohner dazu treibt, für die USA in den Krieg zu
ziehen», fragte ich später nach. Die Antwort: «Wer die Vereinigten Staaten bedroht, der bedroht auch uns!»

Na gut, wenn das so selbstverständlich ist, dann
ist es auch okay, wenn ich später in Hamburg erzähle,
dass die Blackfeet immer noch richtige Krieger sind,
dachte ich mir. Das klingt doch gleich viel spannender,
und es ist noch nicht einmal gelogen. Aus einem ähn-
lichen Grund hatte ich auf dem Campground auch nur
Tipis fotografiert. Schließlich sind die Bilder am besten,
die glaubhaft vermitteln, dass man tatsächlich im Indianerland war.

Nach der Flaggenzeremonie trat ein alter Mann an das
Mikrophon und begann eine lange Rede, die er mit einem
zweisprachigen Gebet abschloss. Darin bedankte er sich
auf Englisch und Blackfeet auch bei den vielen Zuschau-
ern für ihr Interesse an den Schwarzfuß und wünschte allen

eine gute Zeit. Damit war das Powwow offiziell eröffnet. Nun begannen die Wettbewerbstänze und der Stress für die Punktrichter, in den nächsten Tagen und Nächten die Sieger der jeweiligen Kategorien zu ermitteln: den «Traditional» mit dem stilvollsten Outfit und die «Jingle Dress»-Tänzerin mit der größten Anmut, den originellsten «Fancy»- und den wildesten «Chicken»-Dancer und so weiter und so weiter.

In den Pausen informierte der MC das Publikum über dies und das und reihte einen Joke an den anderen. Seine Lieblingsopfer: die Fotojournalisten und Filmteams, die sich überall im Rund nahe der Tanzfläche postiert hatten.

«Heya», rief er aus, «schaut euch diese fetten Kameraobjektive an, die kosten eine Menge Geld. Von uns kann sich so etwas kaum jemand leisten. Aber wisst ihr was? Im Gegensatz zu diesen stinkreichen Typen haben wir immer noch unser eigenes Land. Da können die so viel schießen, wie sie wollen!»

Die Arena der Indian Days ist oftmals ein Platz für Scherze über Weiße, die teilweise ganz schön derb sind. Nicht alle Blackfeet, die ich kenne, finden das gut. Doch ein Powwow ist immer auch ein bisschen Karneval.

Wenn man damals als Amateurfotograf unterwegs war, hatte man noch ganz gute Karten. Heute muss jeder, der auf den Auslöser drückt, pro Tag 15 Dollar bezahlen. Da gibt es kein Erbarmen; es sei denn, man ist Blackfeet oder hat gute Freunde. Ansonsten heißt es bei jedem, der an allen vier Tagen der Indian Days auf dem Gelände fotografieren will: «60 bucks» – ob die Bilder nun für ein Hochglanzmagazin gemacht werden oder nur für das Familienalbum. Mittlerweile ärgern sich so viele Blackfeet darüber, ihre Gesichter in jedem zweiten Reisekatalog wiederzufinden, ohne jemals etwas daran zu verdienen, dass es der MC nicht oft genug betonen kann: «Heeeya. If you wanna shoot an Indian, go ahead and pay for it. The times have changed!»

Bum, krach, dröhn und knirsch, drohten die Megaphon-Boxen nun endgültig zu kollabieren, als der Trommel- und Gesangswettbewerb eröffnet wurde. Auch hierbei ging es nicht nur darum, alte Traditionen zu pflegen. Ich weiß nicht, wie hoch das Preisgeld damals war, doch laut dem Plakat der Indian Days von 2007 sollte die Gewinnergruppe des Drum Contest mit 10 000 Dollar prämiert werden. Dafür lohnt es sich schon, täglich zu üben und richtig Gas zu geben.

Die kehlige Stimme des Falsettsängers, der in seiner Gruppe nun immer wieder das melodische Thema vorgab, schmetterte mit einer Intensität in das Mikrophon, dass es mich fast von der Zuschauerbank pustete.

«Hey, hey, ya-ya. Hey-Jay-ya-ya, Hey, hey, yaa …»

Mein Gott, wie machen die das? Wenn ich versuchte, so zu singen, dann hätte ich schon nach einer Minute keine Stimme mehr. Diese Gesänge kann man nur lieben oder hassen.

Soweit ich es verstehen konnte, bestanden die Texte der Lieder nur aus den Silben hey, yey und ya, und obwohl ich kaum einen Unterschied zwischen den Songs der verschiedenen Trommelgruppen erkannte, konnte ich mich nicht daran satthören. Ich verließ meinen Platz und mischte mich unter die potenziellen Raubkopierer, die sich mit ihren Walkmans um die Sänger herum platziert und mir die Sicht versperrt hatten.

Der Sound der tiefen Trommel drückte mir jetzt mit jedem Schlag direkt in meine Magengrube und erinnerte mich daran, dass mein Problem mit Herrn Montezuma noch nicht ganz gelöst war. Aber noch hatte ich alles im Griff. Diesen Song und auch den nächsten musste ich unbedingt bis zu Ende hören. Bisher hatte sich meine Begeisterung für Ethno-Musik in Grenzen gehalten, aber als ich nun neben diesen acht Sängern stand, die von ihren Campingstühlen aus auf eine fette 24er Bassdrum eindroschen, bekam Ethno für mich eine ganz neue Bedeutung. Das war kein introvertiertes Gewabbel, das war der Rock 'n' Roll in seiner Urform: ungeschminkt und dreckig, kompromisslos und elektrisierend bis ins Mark, jede einzelne Note eine Explosion, die jeden Metal-Sänger in den Schatten stellt – authentischer ging es nicht. Ohne Zweifel war der Drum Contest der Höhepunkt des heutigen Tages, und dabei hatte das Powwow doch gerade erst angefangen.

Mein Gespräch mit einem der Sänger, den ich später auf der Marktstraße kennenlernte, war allerdings auch nicht schlecht. Bei Kaffee und Hamburger hatte er an der Imbissbude gesessen und auf mich den Eindruck gemacht, als sei es okay, ihn einfach anzusprechen.

«Oh, thank you. Nice meeting you!», reagierte er sehr freundlich, nachdem ich mich vorgestellt und ihm ein Kompliment für seine Leistung als Sänger gemacht hatte. «My name is Frank Thundercloud and I am a Cree Indian from Canada!», sagte er und war total begeistert davon, dass ich aus Deutschland komme. «So, you are from Germany? Wow. This is great!»

Eigentlich hatte ich mit ihm über Musik und die Wettbewerbe sprechen wollen, aber darauf ging er gar nicht ein. Sein Thema war Deutschland, wo er in den achtziger Jahren als Soldat stationiert gewesen war. «Oh man, the German ladies», schwärmte er, «they were so beautiful!»

Und am allerschönsten seien sie auf dem Oktoberfest. Dabei zwinkerte er mir zu und machte eine Geste, die verdeutlichte, worauf es ihm ankam: auf Brüste so groß Büffelköpfe.

«Was! Du warst noch nie auf dem Oktoberfest?» Er konnte es kaum glauben. «Da findet die größte Party der Welt direkt vor deiner Tür statt, und du gehst nicht hin?! Wie kann das sein?»

«Hmmm», stammelte ich, «weiß auch nicht, warum.»

Was hätte ich sagen sollen? Die Bayern und ihre Feste interessierten mich damals noch weniger als heute. Doch Frank war Feuer und Flamme. In allen Details berichtete er von seinen Erlebnissen auf der Wiesn, und je mehr er darüber erzählte, desto weniger konnte ich etwas dazu sagen. Von Fingerhakeln verstehe ich bis heute nichts.

«Oh, that's really crazy», kommentierte er mein Schweigen und scherzte: «Isn't that funny? You have to come to Browning to learn something about your own culture.»

Er schaute auf die Uhr (was man bei Indianern nur sehr selten sieht) und stand auf, um eine Runde Stickgame spielen zu gehen. Doch vorher sollte ich ihm versprechen, das nächste Oktoberfest zu besuchen.

«You have to go there. And next year, we'll talk about it!»

«Okay. Ich denke darüber nach», sagte ich und zwinkerte ihm zu.

Vielleicht stimmt das ja tatsächlich mit den Mädels!

Das Museumstipi und andere Traditionen

Wie üblich hatten Marion, Peter und ich die Nacht in unserem kleinen Wohnwagen auf dem Land unseres Gastgebers David verbracht. Als wir am Morgen des zweiten Powwow-Tages in Browning eintrudelten, wartete auf dem Gelände des Museum of the Plains Indian eine neue Herberge auf uns: ein richtiges Indianerzelt. Davids Mutter, die eine leitende Position im Museum hatte, machte es möglich. Bisher war ich mir nicht sicher gewesen, was ich von ihr halten sollte. Jackie hatte etwas Strenges an sich und war mir gegenüber zwar freundlich, aber auch sehr distanziert. Unsere Begegnungen beschränkten sich meistens auf das Nötigste: Wie geht's dir? Danke gut. Und tschüs! Heute wurden es zum ersten Mal ein paar Worte mehr:

Auf der eingezäunten Wiese direkt neben dem Powwow-Gelände, sagte sie, würden zurzeit drei Tipis aufgebaut. Sie seien ein Teil eines kleinen historischen Dorfes und sollten den Touristen die Möglichkeit geben, ein Indianerzelt auch mal von innen zu sehen. Zu meiner großen Überraschung bot sie uns an, in eines dieser Zelte einzuziehen. Im Traum hätte ich damit nicht gerechnet, doch es kam noch besser. Als wir dabei waren, unsere Klamotten einzuräumen, schleppte einer ihrer Mitarbeiter ein riesiges Büffelfell an und legte es kommentarlos in unser Quartier. Fünf Minuten später kam er wieder und brachte ein zweites und dann ein drittes – ein Fell größer als das andere. Am Ende war fast der komplette Boden mit vier kuscheligen Büffelfellen ausgelegt.

«Wow! Und darauf dürfen wir schlafen?»

«Ja, bis zum Ende der Indian Days.» Am Sonntagabend würde

alles wieder abgebaut werden. Dass wir wegen möglicher Brandflecke kein offenes Feuer machen dürften, war zwar schade, aber verständlich. Die Felle hatten einen Verkaufswert von über 6000 Dollar.

Neben den drei Zelten gab es in dem kleinen Museumsdorf noch die Nachbildung einer traditionellen Begräbnisstätte zu bewundern: ein Baum, in dessen Zweigen ein Totenbett liegt. Das war zwar ganz interessant, doch die Topattraktion war eindeutig unser Zelt, das als einziges bewohnt war. Deshalb sollten wir davon ausgehen, dass wir während der Öffnungszeiten – zwischen zwölf und vier Uhr nachmittags – mit einigen Besuchern zu rechnen hätten. Da das Gelände aber Tag und Nacht bewacht werden würde, könnten wir kommen und gehen, wann wir wollten.

Ich hatte es geahnt: Im Grunde ihres Herzens war Jackie eine sehr nette Person. In einem Tipi zu wohnen war für mich allerdings nicht ganz so neu, wie sie gedacht hatte. Damals, im Alter von sechs Jahren, als ich noch ein echter Häuptling gewesen war, hatte ich in meinem Kinderzimmer bereits ein eigenes Indianerzelt. Das war zwar nicht sehr groß, bot aber ausreichend Platz, um darin zu schlafen – entweder mit angewinkelten Knien oder mit den Füßen nach draußen. Als ich größer geworden war und nicht mal mehr darin sitzen konnte, hatte ich es zu einer heiligen Stätte umfunktioniert, in der ich alles aufbewahrte, was man als Indianer so braucht.

Ähnliche Devotionalien hatte ich jetzt, viele Jahre später, auch dabei, und ich begann sofort, unser Tipi damit einzurichten. Als ich fertig war, sah es aus, als hätte ich darin ein Hühnchen gerupft. Überall hingen Federn herum, kleine und große, helle und dunkle, verziert mit Lederbändern oder Pferdehaar. Im Eingangsbereich hatte ich zwei gekreuzte Indianerpfeile und einen von mir gebastelten Speer mit einer Spitze aus Hirschhorn platziert. Jeder sollte es sehen: Dieses Tipi war das Haus eines Kriegers.

Als ein lebendes Exponat der Ausstellung «Visit an Indian Village» sah ich meine Aufgabe darin, dem Bildungsauftrag des Museums gerecht zu werden. Deshalb hielt ich es für unverzichtbar, mich auch entsprechend zu kleiden.

So zog ich meine braune Lederhose und mein indianisches Wildlederhemd an, das Marion für mich genäht hatte. Dann nahm ich zwei lange rote Lederbänder, umwickelte mit ihnen mein Haar und machte mir so zwei Zöpfe. Eigentlich hätte ich sie flechten müssen, aber dann wären die Zöpfe ziemlich kurz gewesen.

Perfekt gestylt setzte ich mich nun im Schneidersitz auf eines der Felle und werkelte an weiteren Einrichtungsgegenständen herum. Marion und Peter machten sich nach kurzer Zeit aus dem Staub. Kaum waren die Tore geöffnet, schlichen auch schon die ersten Touristen auf dem Gelände herum.

Ich spreche zwar kein einziges Wort Japanisch, doch der Ausruf meines ersten Gastes konnte nur eines bedeuten: «Ey, alle mal herkommen, in diesem Zelt wohnt sogar einer!»

Obwohl alle Japaner gleich aussehen, kamen mir diejenigen, die jetzt in mein Zelt strömten, irgendwie bekannt vor. Gestern hatte ich mich ihnen gegenüber noch als deutscher Indianer ausgegeben und ein bisschen geplaudert. Nun war ich der schweigende Krieger auf dem Büffelfell, vertieft in wichtige kunsthandwerkliche Arbeiten.

Auf jede Frage nach einem Foto antwortete ich lediglich mit einem zustimmenden Kopfnicken. Mitte des 19. Jahrhunderts – und in dieser Zeit befand ich mich gerade – verständigten sich die Prärieindianer mit dem Weißen Mann schließlich auch nur mit Zeichensprache. Mit dem Gelben Mann wäre das garantiert nicht anders gewesen.

Mein Job als lebendes Ausstellungsstück war anstrengender, als ich gedacht hatte. Wenn ich für jedes Kopfnicken nur zwei Dollar berechnet hätte, wäre nach Feierabend genug Geld zusammengekommen, um mir davon ein Hotelzimmer leisten zu können. Doch die Vorstellung, dass ich von heute an bis in alle Zukunft zumindest im Land der aufgehenden Sonne als echter amerikanischer Ureinwohner gehandelt würde, war Lohn genug.

Auf dem Campground des Powwow-Geländes war mittlerweile noch mehr los als gestern. Die Zelte und Wohnwagen standen jetzt dicht an dicht, und je weiter man sich dem Zentrum näherte, desto voller wurde es. Wer jetzt noch glaubte, mit dem Auto ganz nah an die Arena fahren zu können, landete schnell im Stau – ohne Wendemöglichkeit. Bei uns würde es in solchen Situationen ein heftiges Hupkonzert geben; hier hatte man es nicht so eilig. Im Land der Schwarzfuß wird eine Autohupe nur dann benutzt, wenn ein verirrtes Tier mitten auf dem Highway steht und nicht weiß, was es tun soll.

«Ya, it's pretty crowded here», sagte David grinsend, der inzwischen auch auf dem Gelände angekommen war und es sich mit Sack und Pack gemütlich gemacht hatte. Als er nun feststellte, dass sein Pick-up komplett zugeparkt war, blieb er ganz entspannt, auch wenn er seinen Plan, nach Hause zu fahren, um einen zweiten Barbecue-Grill zu holen, nun vergessen konnte.

David und Marylin hatten sich spontan entschlossen, ein großes «Feeding» zu veranstalten. Das bedeutete: Essen und

Trinken satt – umsonst! So etwas ist nicht ungewöhnlich. Würde ich es heute darauf anlegen, mich während der Indian Days kostenfrei zu ernähren, könnte ich mich von einem Barbecue zum nächsten futtern, ob ich vorher eingeladen gewesen wäre oder nicht. Wenn es ums Essen geht, wird bei den Blackfeet so lange geteilt, bis nichts mehr da ist. Abzugeben ist eine Tugend langer Tradition, genauso wie das Verteilen von Geschenken.

Einmal erlebte ich, wie ein großer Horsetruck über das Gelände fuhr und kurz darauf mehrere Pferde an gute Freunde verschenkt wurden. Als ich nun in der Arena saß, blieb plötzlich ein junges Mädchen vor mir stehen, kramte in einem Plastikbeutel und drückte mir einfach so einen Kaffeebecher in die Hand, dem nächsten ein kleine Decke und dem übernächsten etwas Tabak. Ich vermutete, dass sie mich mit irgendwem verwechselt hatte. Aber vielleicht hatte sie auch sofort erkannt, dass ich einer von den Guten bin. Ganz so war es natürlich nicht. Ich war zufälliger Nutznießer eines Give-Away-Rituals geworden.

Die Gründe für ein Give Away hängt man nicht immer an die große Glocke. Häufig werden damit die Verdienste der Stammesältesten gewürdigt, aber in diesem Fall war es wahrscheinlicher, dass man sich dafür dankbar zeigen wollte, ein akzeptiertes Mitglied der Gemeinschaft zu sein. Aber letztlich weiß ich es nicht. Sicher ist nur, dass hier keine Almosen verteilt wurden, denn bei einem Give Away sind die eigentlichen Wohltäter nicht die mit den Geschenken, sondern die, die sie erhalten. Bei einem «Feeding» ist das auch so.

Nach einem traumhaften Sonnenuntergang, wie man ihn sonst nur auf Postkarten sieht, spazierten Marion und ich händchenhaltend über den Campground. Zwischen Petroleum-, Gas- und anderen Camping-Lampen wurde überall gegrillt und gemütlich zusammengesessen. Hier und da brannte sogar ein Lagerfeuer – und einige der Tipis leuchteten wie Lampions. Der

Himmel stand voller Sterne, und die Luft fühlte sich an wie ein frischgewaschener Kaschmirpulli. Diese Nacht war einzig und allein dafür gemacht, sich mit seiner Liebsten ins Tipi zurückzuziehen, um dort übereinander herzufallen.

In den Geschichten der Blackfeet wird erzählt, dass sich die Kraft eines Tieres auf den Menschen übertragen kann, zum Beispiel dann, wenn man eines seiner Zähne oder auch Krallen als Anhänger um den Hals trägt. Ich hätte gern herausgefunden, ob das auch funktioniert, wenn ich mit Marion auf einem unserer Büffelfelle liege. Dass daraus nichts werden sollte, ärgert mich bis heute. Vielleicht hätten wir doch versuchen sollen, für Peter ein Hotelzimmer zu finden. Stattdessen suchten wir uns abseits des Getümmels ein lauschiges Plätzchen, setzten uns auf unsere Jacken und knutschen ein wenig – ganz harmlos! Doch für die Indianerin, die mit ihren beiden Kindern an uns vorbeilief, war das schon zu viel, und sie beschwerte sich lautstark. «Okay, wir hören schon auf», entschuldigte ich mich, und sie marschierte weiter.

Im prüden Amerika gelten Zungenküsse als Porno, und bei den Blackfeet werden derlei Zärtlichkeiten auch nicht gern gesehen. So was macht man nur hinter verschlossenen Türen – und da passiert so einiges, bei dem man sich besser nicht erwischen lassen sollte, auch auf den Indian Days.

Ich will hier niemanden outen, geschweige denn an den Pranger stellen. Aber wenn ich irgendwann einmal alt und grau bin, im Seniorenheim sitze und mein letzter Kontakt zur Außenwelt ein netter Zivildienstleistender ist, der von mir wissen möchte, ob ich in meiner wilden Jugend auch einmal Erfahrungen mit Drogen gemacht habe, dann würde die Erzählung meines Erlebnisses, das nun, am Ende meines zweiten Powwow-Tages auf mich wartete, ungefähr so beginnen:

Ach, weißt du, mein Junge, auch ich habe mal Haschisch genommen. Ich finde das zwar nicht wirklich gut. Aber es war so, wie es eben meistens ist, wenn man dabei sein will. Es ist schon sehr lange her, aber an einen Abend kann ich mich noch gut erinnern. Das war damals, als ich bei den Indianern war, während meiner ersten Reise, bei den Indian Days …

Den späten Nachmittag hatte ich in der Stickgame Hall verbracht und wieder einmal versucht, die Regeln zu verstehen. Dabei beobachtete ich einen Spieler, der der absolute Obercrack zu sein schien. Er war so etwas wie die indianische Version dieser Pokertypen, die in den Wild-West-Filmen meistens am coolsten sind: schwarzer Hut, eingefärbte Nickelbrille und ein Zigarillo, das niemals verglüht. Allerdings rauchte dieser Spieler keine Zigarillos, sondern Zigaretten mit Mentholgeschmack, und einen Hut hatte er auch nicht. Aber dafür trug er eine große Spiegelbrille und langes schwarzes Haar, das ihm wie eine Gardine vor dem Gesicht hing. Mit der Kippe im Mund und einer

Trommel im Schoß räumte er alles ab, was es abzuräumen gab – hochkonzentriert, ohne einen Mundwinkel zu verziehen. Er war ein echter Champion. Noch am selben Tag sollte ich Alan Slow Talker, wie ich ihn insgeheim wegen seiner langsamen Sprechweise nannte, näher kennenlernen.

Als Marion und ich nach unserem Kuss Interruptus über das Gelände spazierten – es war bereits weit nach Mitternacht –, kam Alan Slow Talker plötzlich aus dem Dunkel und blieb direkt vor uns stehen. Seine Spiegelbrille trug er immer noch.

«Hey, seid ihr nicht die Deutschen, die bei David wohnen?»

«Stimmt, woher weißt du das?»

«Oh man. Don't you know that we Indians are good in keeping secrets? I can't talk about that!»

Okay. Dieser Mann liebte das Geheimnis, sagte ich mir und vermutete, dass er uns auf Davids Barbecue gesehen und dort ein paar Informationen eingeholt hatte.

Als ich ihn auf seinen Erfolg beim Stickgame ansprach und ihn nach den Regeln befragte, behauptete er, dass das Stickgame ein Spiel für Zauberer sei, das nur Indianer verstehen. Schade! Ich wechselte das Thema und wollte von ihm wissen, ob er auf dem Campground auch in einem Tipi wohnen würde.

«Yeah man, of course», antwortete Alan und lud uns ein, mit ihm in seinem Zelt zu sitzen.

Ja, warum nicht, dachte ich und warf Marion einen fragenden Blick zu.

Für sie war dieser Typ nicht ganz koscher, denn auf die Frage, ob dort auch noch andere Leute wären, hatte Alan mit einem mysteriösen «Who knows?» geantwortet. Doch schließlich gab sie ihre Zustimmung, und wir marschierten los.

Nach einer zehnminütigen Wanderung über zig Zeltschnüre hinweg erreichten wir ein einsames Tipi, das am anderen Ende des Powwow-Geländes stand. Alan öffnete den Eingang des Zeltes und überließ uns den Vortritt.

Vor ein paar Sekunden hatte ich noch geglaubt, Stimmen gehört zu haben. Doch als wir jetzt in Alans Tipi standen, war da nur das Knistern des Feuers zu hören, um das ein Dutzend schweigender Indianer saßen, die, wären sie in Hamburg geboren worden, wahrscheinlich in der Roten Flora wohnen und bei der Polizei als radikale Autonome geführt würden.

Es war, als hätte jemand auf eine Stopp-Taste gedrückt. Alle starrten uns an, als wären wir diejenigen, die ihnen einst das Land weggenommen hatten.

«Die sind in Ordnung!», rettete Alan gerade noch rechtzeitig die Situation. «Ich habe sie eben kennengelernt. Sie kommen aus Deutschland!»

Puh! Meine Angst, gleich massakriert zu werden, legte sich etwas. Von nun an war Mister Alan Slow Talker mein allerbester Freund.

Er setzte sich auf seinen Platz auf der gegenüberliegenden Seite des Eingangs, winkte uns zu sich, und wir setzten uns an seine Seite. Als Sitzgelegenheit dienten diverse Decken und alte Matratzen, aus denen teilweise schon die Spiralen herausguckten. Und zur besseren Wärmeisolierung war der Boden des Zeltes mit blauen Plastikplanen ausgelegt.

Neben mir saß ein jüngerer Typ, etwa 17, der eine Frisur trug, die ich schon mal auf einem historischen Foto gesehen hatte: ein zu einer Schlaufe zusammengebundener Zopf, der vor der Stirn hängt. Er legte etwas Feuerholz nach, und der Rauch mischte sich mit dem Qualm von Alans Mentholzigaretten und einem süßlich riechenden Dunst, der mir nicht ganz fremd war.

Nach ein paar Minuten des Schweigens begannen nun einige, leise Blackfeet zu sprechen, und es war klar, worüber sie redeten. Es ging um den Weißen Mann, der mit seiner Naapiiaaki in ihrer Runde saß und nicht vergessen sollte, welche Hautfarbe er hat. Marion hatte bereits seit unserer Ankunft eine Müdigkeitsattacke nach der anderen vorgetäuscht und verabschiedete sich freundlich, noch bevor es richtig losging.

«Hey, white man», rief mir ein Typ zu, der mir gegenübersaß und mit seinen schwarzen Klamotten ganz besonders finster aussah. «Weißt du, wer ich bin?»

«Nein, woher soll ich das wissen?», antwortete ich. «Wir haben uns ja noch nie getroffen!»

«Das ist richtig, aber ich weiß, wer du bist. Du bist ein Naapiikoan und ich ein Pikuni. Vollblut! Verstehst du?»

Ich hatte verstanden. Er war einer der wenigen Blackfeet, in deren Adern noch reinstes Indianerblut fließt. Auf der Reservation sind es schätzungsweise noch 10 Prozent.

«Bist du auch so ein weißer tree hugger?», schoss er noch einen Pfeil in meine Richtung. «Einer von diesen Ökos, die uns was über Naturschutz erzählen wollen?»

Ich war mich sicher, dass er auf die Aktivisten anspielte, die auf der Marktstraße einen Stand hatten und über das Thema Recycling informieren wollten. Diese Jungs waren nicht nur echte Idealisten, sondern auch die einsamsten Säue weit und breit.

«Nnnnnnno», stammelte ich eingeschüchtert. Doch so schnell wollte ich mich nicht geschlagen geben. In der Hoffnung, die Spannung mit einem Witz zu lösen, erklärte ich, dass ich anstelle von Bäumen lieber Frauen umarme. Der Junge neben mir schmunzelte, und auch Alan konnte sich ein Grinsen nicht verkneifen. Das wiederum konnte der Vollblutindianer natürlich nicht auf sich sitzenlassen. Während er mich mit einem Kriegerblick fixierte, griff er in einen Getränkekarton, nahm ein Stück Styropor heraus, brach es auseinander und warf eine Hälfte ins Feuer.

Nach nur wenigen Sekunden war aus dem schönen Tipi eine eklig stinkende Chemiefabrik geworden. Ich versuchte, nicht zu husten, und verzog keine Miene. Die Indianer blickten mich erwartungsvoll an. Aber ich tat so, als würde mich das alles nichts angehen, und sagte kein Wort. Kaum war das Zeug geschmolzen, schmiss der Pikuni den Rest hinterher.

Bis zu diesem Moment hatte ich es nicht für möglich gehalten, dass es einen Indianer gibt, von dem ich gar nicht will, dass er mein Roter Bruder ist. Und wahrscheinlich hätte ich das Tipi auch sofort verlassen, wenn Alan nicht gewesen wäre. Er lächelte mich an und sagte mit verständnisvoller Stimme:

«Raymon, don't worry about it. This is the right moment to smoke a peace pipe!»

Er griff in einen Beutel, nahm ein kleines Tütchen und etwas Silberfolie heraus und machte das, was alle Leute tun, die gern mal einen durchziehen. Dann nahm er ein paar Züge und gab die «Friedenspfeife» an mich weiter.

Shit, dachte ich, was mache ich jetzt? Als ich das letzte Mal so ein Zeug geraucht hatte, ging es mir richtig mies. Ich hatte noch allzu gute Erinnerungen daran, wie ich damals mit einem Brechreiz durch meine Wohnung schlurfte und die Toilette nicht finden konnte – bis es zu spät war. Wahrscheinlich war es besser, wenn ich mich bedankte und die Pfeife einfach weiterreichte.

«Just a second, Raymon!», beugte sich Alan jetzt zu mir herüber und wies darauf hin, dass es für einen Weißen Mann eine große Ehre sei, wenn ein Blackfeet etwas mit ihm teilen wolle. Ich erzählte ihm die Geschichte mit dem geschenkten Kaffeebecher und erklärte, dass ich nicht gierig erscheinen wolle.

«No, no. You are good guy. I know that, Raymon», erwiderte Alan, und mir gingen die Argumente aus. Also nahm ich einen Zug und drückte die Pfeife meinem Nachbarn in die Hand.

«Ess-Ti-Oo-Pi», intervenierte Alan. (Ess-Ti-Oo-Pi ist Comedy-Blackfeet und bedeutet Stopp.)

«Raymon, du weißt doch, dass wir alles, was wir tun, mindestens viermal tun.» Stimmt! Viermal wegen der Himmelsrichtungen! Also wurde die Pfeife an mich zurückgegeben, und ich tat, was die Tradition vorschreibt.

«Wow, pretty good stuff!», machte ich jetzt einen auf Profikiffer und begann heftig zu husten. Das Zeug fühlte sich an wie Schmirgelpapier und war so stark, dass es mir schier den Hals verätzte.

Nach nur wenigen Minuten wunderte ich mich darüber, warum das Knistern des Feuers auf einmal so laut war, und spürte mehr und mehr, wie Alans Friedenspfeife ihrem Namen immer gerechter wurde. Einen kurzen Augenblick später fühlte ich mich so peacig, dass ich mich fragte, warum ich den Vollblutindianer eben noch für einen Vollidioten gehalten hatte.

Ich bat ihn darum, mir etwas von dem Styropor zu geben, warf es ins Feuer und lachte mich halb scheckig.

«Ey, das kannst du doch nicht machen, das ist giftig», rief er und grinste bis über beide Ohren. Nun war auch ich sein Freund, und alle hatten sich lieb – zwölf Schwarzfußindianer auf dem Kifferstern, Seite an Seite mit einem Weißen Mann, mit dem jetzt alles geteilt wurde, was es noch zu teilen gab: Salzstangen und Taco-Chips, Pepsi und Limo. Und zur großen Freude aller Anwesenden zauberte Alan aus einer Kühlbox noch zwei Sixpacks hervor, die er neben seinem kleinen Tütchen auch noch auf das Gelände geschmuggelt hatte.

«Heeey, you're a big Chief», raunte es durch die Runde.

«And the first one goes to our Naapiikoan from Germany», murmelte Alan und präsentierte mir stolz sein Lieblingsbier: St. Pauli Girl! Dieses Bier hieß tatsächlich so; ich konnte es kaum glauben. «Brewed and bottled in Germany» stand auf dem Etikett. Und als endgültiger Beweis für die Echtheit sollte das Abbild einer vollbusigen Blondine im Dirndl herhalten – für die Amis ein echtes St.-Pauli-Mädchen.

Schmunzelnd nahm ich das Bier entgegen und packte die Gelegenheit beim Schopf, jetzt mal richtig einen auf dicke Hose zu machen.

«St. Pauli! That's the place where I live», zeigte ich mit dem Daumen in meine Richtung und behauptete, dass in meinem Stadtteil alle Mädchen so aussähen wie die auf dem Etikett.

«Ahhh, you are a storyteller», winkte der Vollblutindianer ab, und ich erklärte ihm, dass das nicht nur die Wahrheit, sondern auch der Grund dafür sei, mich gleich verabschieden zu müssen. Schließlich würde sich in diesem Moment das heißeste aller St.-Pauli-Girls gerade auf einem Büffelfell rekeln und mich sehnsüchtig erwarten, «I am very sorry, but there is something I have to do!»

Natürlich war das nur die halbe Wahrheit, denn für ein Schäferstündchen war ich viel zu breit. Aber diese Pointe durfte ich mir nicht entgehen lassen – und sie hatte auch den erwünschten Effekt.

«Du weißt doch! Wir Blackfeet, wir teilen alles!», erinnerte mich daraufhin der Vollblutindianer mit ernster Miene – und hatte die Lacher nun auf seiner Seite.

«That's right!», bestätigte ich. «Aber wie du vorhin ganz richtig bemerkt hast, bist du ein Blackfeet und ich ein Weißer Mann! Wir haben andere Traditionen.»

«Stimmt, wie konnte ich das vergessen. Du bist und bleibst ein Naapiikoan – durch und durch!»

Und diesmal war ich darüber gar nicht mal so traurig.

Postkarte an die Eltern

Hallo, ihr Lieben!

Ihr werdet es nicht glauben, aber schaut euch das
Bild mal genauer an, das bin ich – endgültig zur
Rothaut mutiert.
Als ich gestern in meiner Kevin-Costner-Kluft
zwischen Konfettiregen und Bonbonhagel auf der
Parade der «Indian Days» mitgeritten bin, waren
selbst einige Blackfeet irritiert: Ist der da auf dem
Pferd nicht eigentlich ein Naapiikoan?

In diesem Sinne ein dreifaches Hough nach
Hamburg.

Euer Indianerjunge

Ein Indianerherz
kennt keinen
Schmerz

Von den vielen Ritualen, die noch heute von Prärieindianern praktiziert werden, zählt die Schwitzhütte zu den ältesten. Egal, ob man um Schutz bitten oder für Heilung beten, sich auf die Fastenzeit vorbereiten oder auf eine Visionssuche gehen will, ob ein besonderes Ereignis bevorsteht oder man sich einfach nur etwas Gutes tun möchte – die Schwitzhütte ist für viele Blackfeet der beste Ort dafür. Mit anderen Worten: Wann immer es darum geht, Energie zu tanken, wird die Tsis-Kani aufgeheizt, und das große Schwitzen beginnt.

Das war nicht immer so, denn erst in den siebziger Jahren des 20. Jahrhunderts wurde den Ureinwohnern per Gesetz die freie Religionsausübung gestattet. Bis dahin durften sie nur das Vaterunser beten und das Abendmahl entgegennehmen. Noch heute erzählen die Alten Geschichten über die Zeit, in der die Blackfeet in Missionarsschulen oder sogenannten Boarding Schools zu guten Christen erzogen werden sollten und das Einmaleins der Neuen Welt zu lernen hatten.

Mich faszinierte die Schwitzhütte schon von dem Moment an, als ich das erste Mal davon hörte. Trat man dort wirklich mit den Vorfahren oder den Geistern in Verbindung? Wurde man eins mit der Erde? Die Beschreibungen klangen immer sehr mystisch, und das Einzige, was ich wirklich wusste, war, dass es darin sehr heiß sein sollte.

Auch in Deutschland werden Schwitzhüttenzeremonien abgehalten. Wer «auf dem Pfad der Indianer» wandeln will, der findet im Internet reichlich Angebote. Als ich vor meiner ersten Reise zu den Blackfeet ein Schwitzhütten-Camp in Schleswig-Holstein besuchte, hockten auf einer Kuhweide gute zwei Dutzend «letzte Mohikaner» in Jesuslatschen neben einem Tipi und reichten andächtig eine Pfeife herum.

«Lass dich auf Mutter Erde nieder!», sprach Häuptling Thomas und hieß mich willkommen in seinem «circle of peace». Ich bedankte mich freundlich und machte auf dem Absatz kehrt.

Und nun, ein paar Wochen später, stand ich hier in Montana und war schon eine halbe Stunde lang dabei, die letzten wilden Tiere aus den Foothills zu vertreiben. Das Knattern und Heulen der Motorsäge, die mir David in die Hand gedrückt hatte, war bestimmt bis Browning zu hören. Ich konnte das Ding kaum halten und hatte eine Höllenangst, dass es vom Holz springen und mich um ein Bein erleichtern würde. Wenn ich wolle, scherzte David, könne ich auch mit dem Tomahawk seines Uropas das Feuerholz hacken, doch dann wäre ich bestimmt noch nächste Woche dabei. So viel Zeit hatten wir nicht, denn schon morgen wollten wir mit unseren Pferden für vier Tage quer durch die Wildnis des Badger-Two Medicine reiten – und zu diesem Anlass hatte David extra für uns eine Schwitzhütte organisiert, die noch heute stattfinden sollte.

«Vor eurem Ausritt», hatte er gesagt, «werden wir in die Sweat Lodge gehen. Das wird euch guttun. Dort werden wir uns reinigen und die Geister rufen, die euch auf eurer Tour beschützen sollen.»

Wow! Schon seit unserer Ankunft war ich ständig um die Schwitzhütte hinter Davids Haus herumgeschlichen und hatte darauf gehofft, ihr Geheimnis entdecken zu dürfen. Sie hatte einen Durchmesser von ungefähr dreieinhalb Metern und reichte mir etwa bis zur Brust. Viel mehr als 15 Leute würden da bestimmt nicht reinpassen, dachte ich und hätte am liebsten einen heimlichen Blick hineingeworfen. Doch das Gerüst, das aus Ästen und Zweigen gebaut wird, war rundherum mit zig Decken und einer großen Plastikplane bedeckt.

Nie im Leben hätte ich damit gerechnet, dass uns David jemals dazu einladen würde, mit ihm an einer Schwitz-Zeremonie teilzunehmen. Als Weißer muss man bestimmt eine halbe Ewigkeit unter Indianern leben, bis einem diese Ehre zuteil wird, hatte ich immer gedacht. Und nun war ich bereits nach zwei Monaten auf der Reservation mitten in den Vorbereitungen zu meiner ersten Sweat Lodge. Nachdem ich mehrere Bäume zu Kleinholz verarbeitet hatte, legte ich die Scheite in die Feuerstelle, in der die Steine für die Schwitzhütte erhitzt werden sollten.

Ich war mindestens so stolz wie neugierig. Doch als wir gemeinsam mit David etwa 50 straußeneiergroße Steine auf das Feuerholz legten, wurde mir auch etwas mulmig.

«Werden die nachher alle in die Hütte gebracht?»

«Yeah, I think so», antwortete David, «aber erst dann, wenn sie richtig glühen!»

Oje, vielleicht sollte ich ihm lieber gleich sagen, dass ich alles andere als ein geübter Saunagänger bin. Mein Kreislauf ist nicht gerade einer der stabilsten. In der Grundschule bin ich einmal während der Religionsstunde einfach so vom Stuhl gekippt. Erst wurde mir schwindelig, dann schwarz vor Augen – und schon lag ich unterm Tisch. Bum. Mitten in der Ostergeschichte. Seitdem setze ich mich weder in die knallige Sonne noch in irgendeine Sauna – jedenfalls nicht länger als fünf Minuten. Spätestens nach dem ersten Aufguss verlasse ich den Raum, selbst dann, wenn die Bänke voller nackter Bond-Girls sind. Aber gut – ich war schon immer der Meinung gewesen, dass der Kern des menschlichen Wesens aus neuen Erfahrungen besteht.

bwohl ich aus besagten Gründen wahrscheinlich niemals ein leidenschaftlicher Schwitzhütten-Gänger werde, habe ich später noch an mehreren Schwitz-Zeremonien teilgenommen. Dabei stellte ich fest, dass es keine einheitlichen Regelungen gibt. Jeder Stamm, jeder Clan, jeder «Sweat Lodge Leader» hat seine ganz eigene Vorliebe für den zeitlichen Ablauf, die Rituale und nicht zuletzt für den Hitzegrad in der Hütte. Keine war wie die andere. Doch in diesem Moment hatte ich immer noch keine genauen Vorstellungen davon, was geschehen würde.

«Geht man nackt in die Schwitzhütte?» – «No!»

«Darf ich ein Handtuch mitnehmen?» – «Yes!»

«Weißt du ungefähr, wann es losgeht?» – «Around afternoon!»

«Wie viele Leute kommen denn?» – «I don't know. We will see!»

Noch mehr Fragen traute ich mich nicht zu stellen.

Als schließlich das Feuer brannte, in dem die Steine lagen, kamen auch schon die ersten Gäste mit ihren Pick-ups angerollt; Familienmitglieder, Nachbarn und Freunde. So zum Beispiel Susan, eine Arbeitskollegin von Davids Frau, Marylin, die einen Halbtagsjob in der pencil factory hatte. «Heute ist ein guter Tag zum Schwitzen», sagte sie zur Begrüßung, kramte in ihrer Handtasche und drückte Peter, Marion und mir jeweils einen Bleistift in die Hand, «a real Blackfeet Indian pencil». Unter den Schwitzhüttengängern war auch der wortkarge William, dessen Gesicht ich vom Powwow kannte. Dort hatte er als Tänzer einen Preis gewonnen. Jetzt kam er gerade aus dem Supermarkt, wo er fast jeden Tag hinter der Kasse stand.

Nachdem er David begrüßt hatte, ging er schnell ins Haus, wechselte seine Klamotten gegen eine abgeschnittene Jogginghose und ein Polohemd und setzte sich dann mit einer Dose Pepsi in der Hand in einen Campingstuhl.

Und dann war da auch noch der schwergewichtige George, der bestimmt drei Zentner auf die Waage brachte und von allen nur Big Man genannt wurde. Ihn hatte David gar nicht anzurufen brauchen. Big Man wohnte in der Nachbarschaft und konnte den Rauch am Himmel sehen – das war Nachricht genug. «I saw your smoke signals», grinste er und schüttelte jedem Einzelnen die Hand, «nice to see you!»

Es wurde geklönt und gelacht, und wir waren mittendrin. Und man freute sich über unser Interesse an dem Leben der Schwarzfuß. Doch ein Blackfeet wäre kein Blackfeet, wenn er nicht auch die Chance nutzen würde, ein Greenhorn auf die Schippe zu nehmen.

«Mal sehen, wie viel Hitze du aushältst!», fixierte mich Big Man mit einem prüfenden Blick. So mancher Naapiikoan sei mit 1 Meter 80 in die Schwitzhütte gegangen und mit 1 Meter 60 wieder herausgekommen, erklärte er und stellte in Aussicht, mir zu Ehren noch ein paar Steine extra obendrauf zu legen.

«I am very, very proud that I can sweat with you!», erwiderte ich verlegen und versuchte damit, meine Ehrfurcht vor dem Ritual zum Ausdruck zu bringen.

ls ich nach einer Weile fast vergessen hatte, dass wir hier waren, um an einer heiligen Zeremonie teilzunehmen, erhoben sich plötzlich alle von ihren Stühlen und stellten sich mit dem Blick nach Osten auf. Ich gesellte mich dazu, und David sprach ein Gebet, wobei er etwas Tabak in die vier Himmelsrichtungen verstreute. Dann entzündete er einen Zopf aus geflochtenem Süßgras, bestrich seinen ganzen Körper mit dessen Rauch und kroch als Erster in die Schwitzhütte hinein, nachdem er das Sweetgrass an Donnie weitergereicht hatte. Donnie war der sogenannte Fireman, dessen Aufgabe es ist, draußen das Feuer zu bewachen. Nun hockte er mit dem glimmenden Süßgras in der Hand neben dem Eingang der Sweat Lodge, wo sich jetzt jeder der Reihe nach den Rauch zufächelte, um sich damit zu reinigen.

Als ich schließlich als einer der Letzten in die Hütte kriechen wollte, saßen dort bereits über zwanzig Menschen dicht an dicht – die Frauen auf der linken und die Männer auf der rechten Seite.

«Come in and sit down!», winkte mich Big Man herein, rückte ein Stück auf und überließ mir den Platz neben sich. Ganz schön eng, dachte ich und war froh darüber, dass ich direkt am Ausgang saß. So war im Notfall der Weg nach draußen nicht so weit.

Der Boden der Hütte war mit alten Teppichen ausgelegt, und in der Mitte befand sich eine große Kuhle, in die später die heißen Steine gelegt werden sollten. Direkt darüber waren an der Decke vier kleine Adlerfedern befestigt.

Als Leiter der Zeremonie saß David auf der gegenüberliegenden Seite des Eingangs. Auf einer kleinen Decke neben sich hatte er eine indianische Pfeife, einen Fächer aus Adlerfedern, Tabak, allerlei Dosen, eine Rassel und eine Trommel ausgebrei-

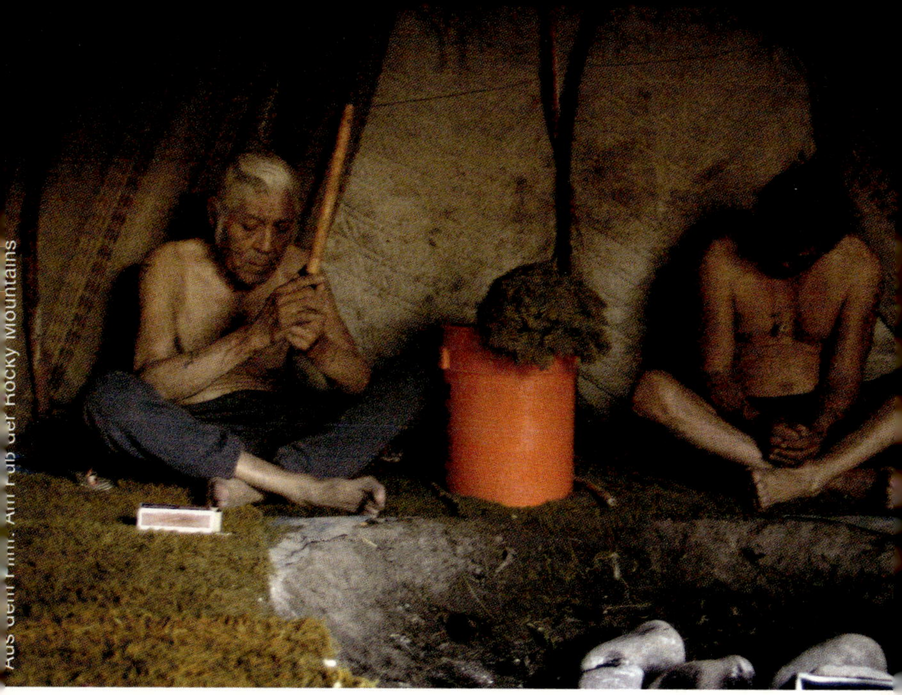

Aus dem Film: Am Fuß der Rocky Mountains

tet. Vor ihm stand ein gefüllter Wassereimer, auf dessen Rand ein Bündel Tannenzweige lag. Ich dachte an die Aufgüsse in der finnischen Sauna, und mir schwante Böses.

Während ich mich noch umschaute, unterhielt sich Marion mit ihrer Nachbarin. Sie warf mir einen entspannten Blick zu, und auch Peter schien wieder einmal allem, was da kommen mochte, mit seiner typischen Gelassenheit entgegenzusehen. Als jeder saß und etwas Ruhe eingekehrt war, reichte David eine Plastikschale mit Beerenkompott herum. Wie selbstverständlich nahm jeder eine Portion mit dem einzig vorhandenen Löffel, schleckte ihn ab und legte ihn zurück in die Schale.

Ich teile wirklich gern, aber nicht unbedingt das Besteck. Das habe ich schon als Kind nicht gern getan, selbst mit meinem Bruder nicht. Aber in diesem Fall überwog der Gedanke an die schöne Geste des Teilens, und ich tat es den anderen nach, wenn es mich auch etwas Überwindung kostete. Doch als David schließlich ein großes Stück Büffelfleisch aus einer Tupperdose nahm, herzhaft hineinbiss und es an seinen Nächsten reichte, wurde ich doch etwas nachdenklich. Während das Fleisch von einem zum Nächsten wanderte, erinnerte ich mich an die Szene in «Der mit dem Wolf tanzt», in der Kevin Costner nach der Büffeljagd in ein rohes Stück blutige Niere beißt.

Was der kann, kann ich auch!

Und so nahm ich den inzwischen ziemlich ausgefransten Fleischlappen von Big Man entgegen, pulte mit den Fingern ein Stück ab und aß meinen ersten Büffel – ein zartes und nach Wild schmeckendes Stück Fleisch.

Nun begrüßte David noch einmal alle Gäste und stellte uns mit unseren Namen vor.

«Peter, Marion and Raymon sind aus Deutschland gekommen», erzählte er, «um etwas über das Leben der Blackfeet zu erfahren – und das ist gut! Wir wollen sie willkommen heißen.»

Die meisten in der Hütte nickten und antworteten mit einem zustimmenden «Hmmmm!».

Diese Art der Reaktion ist etwas ganz Typisches bei den Blackfeet. Wenn jemand etwas erzählt, hört man häufig aus dem Kreis der Zuhörer ein tiefes, langgezogenes «Hmmmm», das von einem Kopfnicken begleitet wird. Ich habe noch nie erlebt, dass einer dem anderen beim Reden ins Wort fällt. Man hört zu und signalisiert sein Interesse: «Hmmmm!»

«Die drei werden morgen mit Rusty, der auch unter uns ist, für vier Tage und Nächte in das Badger-Two Medicine reiten, um in ihrer Heimat darüber zu berichten, dass dort nach Öl gebohrt werden soll!»

«Hmmmm», summte es jetzt lauter durch den Raum, während Big Man sich zu mir drehte, heftig mit dem Kopf nickte und

seine Zustimmung mit einem langgezogenen «That's gooood» unterstrich.

«Ich möchte für sie beten und bitten, dass sie beschützt werden», fuhr David fort. «Ich will für das Badger beten. Ich will die Geister der Großväter darum bitten, dass sie in der Schwitzhütte neben uns Platz nehmen. Ich möchte den Adlergeist darum bitten, zu uns zu kommen, auf dass er uns auf unseren Wegen beschützen möge.»

Dann nahm er seine Pfeife, die fast einen halben Meter lang war, hielt sie in beiden Händen und sprach mit geschlossenen Augen ein paar Worte auf Blackfeet. Dabei umschloss er den Pfeifenkopf mit beiden Händen und streckte den Pfeifenstab in die Höhe.

In Indianerfilmen wird die indianische Pfeife immer wieder als Friedenspfeife bezeichnet. Tatsächlich ist sie viel mehr als das. Für die Blackfeet ist sie ein lebendiger Körper, eine Brücke zum Schöpfer.

Nachdem der Tabak in der Pfeife entzündet war, blies David den Rauch in die vier Himmelsrichtungen und schickte so seine Gebete zum «Creator».

Während der ganzen Zeit war es so still, dass man eine Stecknadel hätte fallen hören können. Und als er die Pfeife schließlich vorsichtig weiterreichte, hörte ich, wie mein Herz pochte. Gleich würde ich zum ersten Mal gemeinsam mit Indianern die heilige Pfeife rauchen. Nun war ich endgültig im Indianerland angekommen.

Als Big Man schließlich die Pfeife an mich weiterreichte, war ich so nervös, dass ich Angst hatte, sie fallen zu lassen. Er nickte mir zu, und ich sog kräftig am Mundstück, um möglichst viel Rauch zu produzieren. Aber offensichtlich machte ich irgendetwas falsch, denn nichts passierte – kein Qualm, kein Dampf, nur heiße Luft. So schwierig kann das doch nicht sein, sagte ich mir, setzte nochmal an und zog dieses Mal stärker. Doch es tat sich wieder nichts. Fragend schaute ich in die Runde und zuckte mit den Schultern. Big Man schaltete am schnellsten, ließ sich von David eine Schachtel Streichhölzer zuwerfen und zündete die Pfeife wieder an. Auf das Naheliegendste war ich in diesem Augenblick gar nicht gekommen. Nachdem nun auch ich vier große Wolken ausgeblasen hatte, wollte ich die Pfeife an meine Sitznachbarin weiterreichen. Diese aber winkte mit beiden Händen so heftig ab, als wolle sie unter keinen Umständen mit ihr in Berührung kommen. «No, no!», sagte sie, und ich verstand nicht, warum. Schließlich schritt David ein und nahm die Pfeife wieder entgegen.

Der Träger dieser Pfeife war ein Mann, und deshalb durfte sie auch nur von Männern geraucht werden. Die Frauen hätten ihre eigenen Pfeifen, wurde mir später erklärt, da aber jetzt in der Schwitzhütte keine der anwesenden Frauen eine Pipekeeperin war, gingen die Damen leer aus.

Dass Frauen überhaupt in die Schwitzhütte dürfen, ist der modernen Entwicklung der Blackfeet-Gesellschaft zu verdanken.

In der alten Zeit, als die Blackfeet noch nackt in die Sweat Lodge gingen, war die Regel, dass nur Männer an dieser Zeremonie teilnahmen.

Als ich noch darüber nachdachte, was eben passiert war, brüllte David plötzlich markerschütternd laut durch die andächtige Stille nach draußen: «Hey Donnie! We are done! Bring in the first stone!»

Donnie ließ sich nicht lange bitten und schob mit Hilfe einer Heugabel den ersten glühenden Stein über eine Holzpritsche in die Hütte, wo er schließlich in der Mitte der Kuhle postiert wurde. In einem kurzen Gebet widmete David diesen ersten Stein dem Adlergeist. Dabei bestreute er ihn mit Kräutern, die sofort verbrannten und einen intensiven Geruch verbreiteten. Mit jedem weiteren Sweat stone, den Donnie in die Hütte schob, wurde die Luft heißer und stickiger, und als schließlich mehr als zehn Steine in der Kuhle lagen, schloss er die Schwitzhütte von außen mit einer Decke und einer Plane. Von einer Sekunde zur nächsten war es stockduster.

Oha, jetzt ging es also los. Ich hatte mir vorgestellt, dass die glühenden Steine genügend Licht abgeben würden, um zumindest die Hand vor Augen zu sehen, aber da hatte ich mich gewaltig geirrt. Um mich herum war nur tiefes Schwarz.

Während mir die ersten Schweißperlen von der Stirn tropften, tastete ich vorsichtig nach meinem Handtuch und legte es über meinen Kopf, obwohl die Hitze eigentlich noch ganz erträglich war. Und gerade als ich dachte, dass vielleicht alles gar nicht so schlimm werden würde, hörte ich, wie jemand die gebundenen Tannenzweige in den Wassereimer tunkte.

«Four splashes to protect them», rief David. Und noch bevor

ich in Deckung gehen konnte, zischte das Wasser auch schon über die Steine, und die Hitze schoss mir entgegen wie 1000 glühende Stecknadeln. Panisch schreckte ich zurück, riss die Hände vors Gesicht, zog die Knie vor die Brust und versuchte, mich irgendwie unter meinem Handtuch zu vergraben. Keine Chance! Da kam schon der zweite Splash und ein dritter gleich hinterher. Und mit dem vierten, dem vorerst letzten, verwandelte sich der ganze Raum endgültig in einer Dampfkocher.

Die Blackfeet sagen, dass man nur etwas bekommt, wenn man auch etwas gibt. Sie nennen das «ein Opfer geben», und die meisten sind es von Kindesbeinen an gewöhnt, in der Schwitzhütte ihren Schweiß zu opfern. Ich war schon jetzt an meiner Grenze, doch den anderen schien die Hitze überhaupt nichts auszumachen. Ich konnte deutlich hören, wie einige tief einatmeten, als könnten sie gar nicht genug von der heißen Luft bekommen. Big Man hatte den ersten Aufguss sogar mit einem gehauchten «Hmmm, good!» kommentiert. Ich hingegen traute mich kaum, Luft zu holen – so sehr brannte der Dampf in meiner Kehle. Ich schloss die Augen und wünschte mir, dass der erste Gang bald vorbei sei. Aber das war erst der Anfang.

Während ich versuchte, mich auf meine Mitte zu konzentrieren, um mich etwas zu beruhigen, schlug plötzlich jemand einen gleichmäßigen Rhythmus auf einer Trommel. «Bum, bum» dröhnte es in meinem Kopf, als stünde ich kurz vor einer Migräneattacke. Dann kam das zischelnde Geräusch einer kleinen Rassel hinzu. Kam sie von links? Kam sie von rechts? Meine Sinne waren schon jetzt vollkommen überfordert. Und als kurz darauf auch noch laute «Hey-Heya»-Gesänge einsetzten, wurde mir schwindelig, und ich fiel in mich zusammen wie ein nasser Sack. An die folgenden Minuten erinnere ich mich nur noch schemenhaft. Immer wieder wurden Gebete gesprochen, endlose Lieder gesungen und dazwischen: zahllose Aufgüsse.

Selbst wenn ich die Hütte hätte verlassen wollen, ich wäre nicht dazu in der Lage gewesen. Ich war wie betäubt und kam erst wieder zu mir, als plötzlich ein Lichtstrahl in die Hütte fiel und der Ausgang geöffnet wurde.

Eilig krabbelte ich auf allen vieren nach draußen und blieb ein paar Meter weiter einfach auf der Stelle liegen.

«Wasser, Wasser», hechelte ich, als hätte ich soeben die Wüste Gobi durchquert.

«Ramon! Alles klar?», fragte Marion, die jetzt neben mir kniete und eine Hand auf meine Schulter legte. Ihr sonst so blasses Gesicht war knallrot, doch es schien ihr ganz gut zu gehen.

«Ja, alles klar!», hauchte ich und sah, dass auch Big Man und David einen sorgenvollen Blick auf mich warfen.

«Don't worry. I just feel like a steak – well done!», versuchte ich die Sache runterzuspielen und erntete ein aufmunterndes Lächeln.

Während nun der eine oder andere ins eiskalte Flusswasser sprang – Peter vorneweg –, zog ich es vor, mir aus der Kühlbox eine Flasche Gatorade zu nehmen, und leerte sie in einem Zug.

David setzte sich auf einen Campingstuhl, nahm einen kräftigen Schluck aus der Selterflasche und kippte sich den Rest über den Kopf. Big Man, dessen gemütlicher Bauch über seiner klatschnassen Nike-Turnhose hing, ließ sich von mir eine Zigarette geben und verzog sich in sein Auto.

Im Gegensatz zu den meisten Frauen, die zusammensaßen und sich unterhielten, waren die Männer mit sich selbst beschäftigt.

Als David nach etwa zehn Minuten wieder als Erster in die Hütte kroch, nahm ich meinen ganzen Mut zusammen und krabbelte hinterher.

«David! Ist es okay, wenn ich eine Runde aussetze?»

«Kein Problem!», sagte er. «Das muss dir nicht unangenehm

sein. Jeder bestimmt selbst, wie weit er geht. Niemand wird etwas sagen!»

Und genau so war es auch.

Während des zweiten Gangs saßen Donnie und ich schweigend nebeneinander, blickten gedankenverloren ins Feuer und lauschten den Liedern, die in der Hütte gesungen wurden. Und als Donnie die Hütte wieder öffnete, wunderte ich mich darüber, dass nur 15 Minuten vergangen waren; die erste Runde war mir wie eine Ewigkeit vorgekommen.

Zu Beginn der dritten Runde war ich wieder dabei. Mittlerweile lagen bestimmt 30 Steine in der Kuhle, und mit jedem weiteren Aufguss wurde mir klarer, was mit dem Begriff «Reinigung» gemeint war. Den Kopf nach unten gebeugt, spürte ich, wie sich der Teer von Tausenden von Zigaretten in meiner Lunge verflüssigte. Ich röchelte und würgte, versuchte den Schleim aufzuhalten und spuckte ihn schließlich in mein Handtuch, das bereits so durchgeweicht war wie ein nasser Waschlappen. Auch Big Man hustete und schien seinen eigenen Kampf zu kämpfen. Vielleicht war es aber auch sein Sitznachbar.

Neben all den Geräuschen, Gebeten und Liedern, die auf mich einströmten, hörte ich, wie jemand die ganze Zeit über weinte und etwas vor sich hin murmelte. Ich war mir sicher, dass es ein Mann war, und mir kamen die vielen Blackfeet in den Sinn, die sich mir gegenüber als Machotypen präsentiert hatten.

Während ich mich von Splash zu Splash durch den endlosen dritten Gang quälte und meine Angst immer größer wurde, gleich endgültig schlappzumachen, wedelte plötzlich jemand heftig mit einem Fächer, was klang, als würde ein Adler durch die Hütte fliegen. Und dann war da eine tiefe röchelnde Stimme, die ich nicht zuordnen konnte. War es David? Nein! Warum sollte er seine Stimme verstellen? Aber vielleicht William, der wortkarge Powwow-Tänzer! Wer weiß?

«Raymon, Raymon», rief die fremde Stimme nun meinen Namen, und ich kam mir vor wie in einem Gruselfilm.

«Raymon. Do you hear me?», rief sie jetzt lauter. Und weil ich nicht sofort reagierte, stieß mir Big Man sachte in die Seite und flüsterte mir zu, dass gerade der Schöpfer mit mir spräche. Unter größter Anstrengung versuchte ich mich irgendwie bemerkbar zu machen, woraufhin mir erklärt wurde, dass der Schöpfer von mir erwarte, ein paar Worte zu sagen.

O nein, bitte nicht, ich kann kaum atmen, wie soll ich da sprechen?

«I wanna thank you that I can be here», keuchte ich ins Dunkel, «and I thank you for that great experience. I hope I survive it!»

Später sind mir noch 1000 Dinge eingefallen, die ich hätte sagen können, doch in diesem Augenblick war einfach nicht mehr drin. Und zum Glück brauchte ich das auch nicht, weil nun die halbe Runde zu lachen anfing und kurz darauf die Stimme des Schöpfers plötzlich verschwand.

Ich wusste nicht, wer da seine Stimme verstellt hatte, aber ich war mir sicher, dass es nicht der Schöpfer gewesen war, der immer wieder meinen Namen gerufen hatte.

David erzählte mir später, dass es tatsächlich der Creator gewesen sei und dass das wedelnde Geräusch nicht von einem Fächer gestammt hätte, sondern von Adlerschwingen. Der Adlergeist habe die Gebete erhört und sei zu uns gekommen.

In den kommenden Jahren lernte ich einige Blackfeet kennen, die solche Dinge für Hokuspokus halten. Aber auf der Reservation geht nun mal jeder seinen eigenen Weg, und in Bezug auf die Rituale gibt es keine absolute Wahrheit.

How many splashes, Raymon?», fragte David nun, um mein «Gebet» mit weiteren Aufgüssen zu besiegeln.

«One! Just one, please. But a very little one!», presste ich einen letzten Satz heraus, woraufhin auch der Letzte im Raum zu lachen anfing und die bisher andächtige Stimmung endgültig dahin war. Die anderen hatten mindestens viermal gesplasht, ich glaube, Peter sogar fünfmal, nur ich war mit einem einzigen Splash zufrieden.

Kurz darauf war die dritte Runde vorbei – endlich!

Der Mensch besteht zu 70 Prozent aus Wasser, und meine 70 Prozent waren schon lange auf dem Siedepunkt. Doch in meiner Freude darüber, dass ich allen Naturgesetzen zum Trotz noch immer nicht verdampft war, beschloss ich während der Pause, die letzte Runde nun auch noch mitzunehmen. Schlimmer konnte es eh nicht werden. Und wenn doch, würde ich einfach in Ohnmacht fallen und nichts mehr merken. Also sammelte ich mit Hilfe einer weiteren Flasche Gatorade meine letzten Kräfte und kroch nach der Pause wieder in die Hütte.

In der Zwischenzeit hatte ich mir eine Technik ausgedacht, mit der ich der Hitze wahrscheinlich ein wenig aus dem Weg gehen konnte. Und als der Eingang wieder geschlossen war, drehte ich mich einfach um und saß nun nicht mehr mit dem Gesicht in Richtung der Steine, sondern mit meinem Hintern – sieht ja eh keiner. Doch dass selbst ein Hintern seine Grenzen hat, sollte mir klar werden, als David am Ende des vierten Ganges plötzlich den Rest des Wassers aus dem Eimer mitten auf die Steine kippte – gefühlte 100 Liter Wasser auf gefühlte 100 glühende Steine. Seit dieser Erfahrung empfinde ich tiefes Mitleid mit jedem Hummer, dessen Ende vorherbestimmt ist.

Noch bevor mein Kopf mir sagen konnte, dass ich soeben nicht bei lebendigem Leib in einen Kochtopf geworfen worden war, schrie ich laut auf und stürzte im Eiltempo irgendwie nach draußen. Und da lag ich nun, mit dem Oberkörper an der rettenden frischen Luft, japsend wie ein Karpfen, die Decken und die Plane des Eingangs auf meinem Rücken und mit den Beinen noch in der Hütte.

Nein! Ich habe für alles Verständnis, auch für das «Opferungsprinzip», aber das geht entschieden zu weit. Da kriegen mich keine zehn Pferde mehr rein!

«Raymon, Raymon! Come back», hörte ich jetzt Davids Stimme. Ich hob den Kopf und sah Donnie direkt vor mir, der mich irritiert anschaute. In seinem langen Indianerleben hatte er ganz bestimmt noch niemanden gesehen, der während einer Schwitzhütten-Zeremonie so plötzlich durch die «Tür» geflogen kommt.

«Raymon. Come in», wiederholte David in diesem Moment, und ich ergab mich schließlich meinem Schicksal und krabbelte wieder in die Hütte, wo eine Lektion auf mich wartete.

Ich müsse wissen, sagte David, dass es nicht korrekt sei, auf diese Art eine Sweat Lodge abzubrechen. Zu jeder Zeit könne man die Hütte verlassen, allerdings müsse man vorher beim Schöpfer abgemeldet werden. Aber ich bräuchte mir keine Sorgen zu machen, denn jetzt sei es sowieso vorbei.

Ein Stunde später, die meisten Gäste waren bereits nach Hause gefahren, kam David zu mir und bat mich darum, gemeinsam mit Peter und Marion nochmal kurz zum Eingang der Schwitzhütte zu kommen.

Obwohl er mir erklärt hatte, dass es nicht nötig sei, ein schlechtes Gewissen zu haben, war mir mein Auftritt von vorhin immer noch ziemlich peinlich.

Körperlich ging es mir allerdings so gut wie lange nicht mehr. Durchgepustet wie nach einem Nordseesturm und erholt wie nach einer Frischzellenkur, hätte ich an diesem Abend bestimmt noch ein paar Bäume ausgerissen, wenn ich nicht so verdammt müde gewesen wäre.

«Ich möchte euch etwas geben», sagte David, kroch in die Hütte und drückte kurz darauf jedem von uns eine der vier Adlerfedern in die Hand, die bis eben noch an der Decke der Sweat Lodge gehangen hatten. Sie waren nicht besonders groß, aber es waren Adlerfedern!

Wir waren sprachlos. Ich glaube, ich konnte noch nicht einmal danke sagen, so groß war der Kloß in meinem Hals. Eine Adlerfeder, das ist nicht irgendein Geschenk, das ist eine Auszeichnung.

Selbst Rusty, mit dem wir am nächsten Tag ins Badger reiten sollten und der die vierte Feder bekam, sagte später, dass es eine große Ehre sei, eine dieser gesegneten Federn an seinem Hut tragen zu dürfen.

Früher hatte man Kriegern, die Heldentaten vollbrachten, solche Geschenke gemacht. Und jetzt bekam ich eine Adlerfeder überreicht, obwohl ich mich so jämmerlich aus der Schwitzhütte verabschiedet hatte.

«Na ja!», lächelte David. «Du hast dein Bestes gegeben. Das war nicht zu übersehen!»

Mit dem Pferd
auf dem Rückgrat
der Erde

«Goodbye civilization», sagte Rusty, schloss das Gate und setzte sich wieder in den Sattel. Ab hier sollte es keine Zäune und keine Straßen mehr geben, nur noch die Pfade der Tiere.

Davon hatte ich schon als kleiner Junge geträumt: Ich, Lederstrumpf, auf dem Rücken eines Pferdes unterwegs in einem rauen Land, das sich unter einem endlos blauen Himmel bis zum Horizont erstreckt. Am Abend ein wärmendes Lagerfeuer und in der Nacht ein Bett aus Laub unter den Sternen. Tage, die nur vom Lauf der Sonne bestimmt werden, auf dem Weg von einem Abenteuer zum nächsten. Genau so, wie es im Wilden Westen irgendwann einmal gewesen sein musste.

In den USA gibt es nicht mehr viele Gebiete, die von der Zivilisation weitgehend unberührt geblieben sind. Die Nationalparks vermitteln zwar eine Vorstellung davon, wie das ehemalige Grenzland einmal ausgesehen haben könnte, doch auch im Yellowstone oder dem Glacier National Park gibt es Highways und Hotels, und an den Wanderwegen steht an jeder zweiten Ecke ein Schild mit den Meilenangaben bis zum nächsten Aussichtspunkt oder Campingplatz. Hier, hinter der Südwestgrenze der Reservation, sollte noch alles so sein, wie es einmal war, als es noch keine Nationalparks gab – doch wie lange noch?

Als Mitglied der Gesellschaft für bedrohte Völker hatte ich erfahren, dass in den heiligen Bergen der Blackfeet nach Öl und Gas gebohrt werden sollte. Dies hätte nicht nur verheerende Folgen für eines der letzten Wildnisgebiete in den USA, sondern auch für die Kultur der Blackfeet. In der Presse hieß es damals, dass in Montana ein neuer Indianerkrieg drohe, wenn die Energiekonzerne ihre Absichten tatsächlich realisieren würden. Das musste unbedingt verhindert werden. Doch Lederstrümpfe wie ich sind nicht dafür gemacht, Tankstellen zu besetzen und Flugblätter zu verteilen. Ich wollte in die Höhle des Löwen und das Land sehen, für das ich mich einsetzte, um hinterher mit einem schonungslosen Dia-Vortrag auf Deutschland-Tour zu gehen.

Und nun, im August 1993, war es endlich so weit. Wir saßen in den Sätteln unserer treuen Gefährten und ritten durch die Ausläufer der Prärie – auf dem Weg in das Badger-Two Medicine, mitten in den Rocky Mountains.

Wie sich wohl die ersten Pioniere gefühlt haben, als sie sich nach 1000 staubigen Meilen in der Prärie auf einmal dieser gigantischen Gebirgskette gegenübersahen? Aus der Ferne betrachtet, erscheint es, als stieße man auf eine unüberwindliche Mauer, die sich endlos vom Süden bis in den Norden erstreckt. Um diesen Anblick nur annähernd wiedergeben zu können, müsste man schon ein Dutzend Fotos machen und sie nebeneinanderlegen. Treffender als die Blackfeet kann man das längste Gebirge der Welt kaum beschreiben. Sie nennen es «Das Rückgrat der Erde».

Seit gut zwei Stunden waren wir jetzt Richtung Westen unterwegs, und bisher war unser Ausritt so, wie ich ihn mir vorgestellt hatte – mal abgesehen vom Wetter. Seit Tagen hatte es in Strömen geregnet, und die grauen Wolken in den Bergen machten nicht den Eindruck, als würde sich das bald ändern. Deshalb konnte ich leider auch nicht mein stilechtes Wildlederhemd tragen. Stattdessen saß ich jetzt mit einem knallgelben Regenanzug im Sattel und sah aus wie eine Leuchtboje, weil ich in Browning nichts anderes hatte auftreiben können.

Aber wenigstens sahen Marion und Peter in ihren Friesen-
nerzen (Made in USA) genauso blöd aus wie ich. Sollten wir also
morgen tot in der Wildnis liegen, wird man uns schnell wieder-
finden. Immerhin waren wir in einer Region unterwegs, in der es
vor wilden Tieren nur so wimmelt: Wölfe und Pumas – und natürlich Grizzlybären, von denen es nirgendwo in den USA (mit
Ausnahme von Alaska) mehr gibt als hier im Nordwesten Montanas. Doch zum Glück hatten wir ja Rusty dabei. Einen besseren
Guide als ihn hätten wir nicht finden können. Er war in einer
kleinen Holzhütte im Schatten der Rockies aufgewachsen und
kannte die Gegend wie seine Westentasche.

Rusty war für mich ein Indianer, wie er im Buche steht: lange
schwarze Haare, sanfter Blick – von Kopf bis Fuß tiefenent-
spannt. In seiner Nähe hatte selbst das mieseste Regenwetter
keine Chance, einem die Laune zu verderben. Die Grübchen und
sein Lächeln waren unwiderstehlich. An Marions Stelle hätte ich

mich sofort in
ihn verknallt. Die nächs-
ten vier Tage und Nächte sollten er und
seine Winchester nicht von unserer Seite weichen.

Als wir nun durch das saftige Gras des Badger Valley ritten, stieg Rusty plötzlich vom Pferd, um uns einen Einblick in die Welt der Naturmedizin zu geben. Er zeigte auf eine Pflanze, die für mich wie Unkraut aussah, und erklärte, dass sie gegen Magenschmerzen helfen würde. Doch es käme darauf an, sie richtig zuzubereiten. Das Wichtigste sei, an ihre heilenden Kräfte zu glauben, aber selbst dann gäbe es keine Garantie. «Wenn die Pflanze dich nicht mag», sagte Rusty, «dann wird sie die Magenschmerzen erst verursachen.» Ich war beeindruckt.

«Are you a medicine man?»

«Oh no, I'm not!», lächelte er und präsentierte mir seine Gürtelschnalle, die er beim letzten Rodeo gewonnen hatte. Rusty war ein leidenschaftlicher Team Roper, einer von denen, die beim Rodeo im Vollgalopp mit ihren Lassos eine fliehende Kuh einfangen müssen. Und da Rusty irgendwann einmal Kunst studiert hatte und das Rodeobusiness ziemlich unsicher ist, unterrichtete er noch Kunst an der Reservationsschule.

«Jetzt aber los», sagte er, «bis zu unserem ersten Camp haben wir noch ein paar Meilen zurückzulegen!» Er schwang sich wieder auf sein Rodeohorse, gab ihm einen kurzen Kick, und wir versuchten, mit unseren Pferden Schritt zu halten.

In Steelman hatte Marion ihr absolutes Traumpferd gefunden; einen weißgrauen Araberhengst, jung und ungestüm. Dennoch hatte sie ihn voll im Griff, was aber nicht anders zu erwarten war. Schließlich war Marion die Einzige von uns dreien, die wirklich reiten konnte. Peter hatte vor unserer Abreise gerade mal zehn Stunden auf einem Pferd gesessen. Aber dafür machte er seine Sache ziemlich gut; sein erfahrenes Quarterhorse passte perfekt zu ihm. Er und Bay ließen sich durch nichts aus der Ruhe bringen und trotteten ganz gemütlich vor sich hin.

Meine Reitfähigkeiten begrenzen sich noch heute darauf, keine Angst davor zu haben, abgeworfen zu werfen, was ein großer Vorteil ist, denn ein Pferd merkt sofort, wenn sein Reiter Schiss hat. Allerdings liebte der Rotfuchs, mit dem ich jetzt unterwegs war, die Kontroverse: Wenn ich nach rechts wollte, ging er nach links und umgekehrt. Seinen Namen – Red Devil – hatte er wohl nicht ohne Grund bekommen. Am einfachsten war es, ihn hinter Marion herlatschen zu lassen; so konnte er jederzeit seinem Bedürfnis nachkommen, an Steelmans Hintern zu schnuppern. Die größte Herausforderung war allerdings nicht mein Reitpferd, sondern wieder einmal Shammy, jenes Packpferd, das uns schon bei unserer Ankunft vor zwei Monaten durch sein störrisches Verhalten zur Weißglut getrieben hatte und das ich jetzt an einem Seil führte. Im Gegensatz zu seinem Kollegen Snowy hatte Shammy noch immer nicht begriffen, was die Aufgabe eines guten Packpferds ist: Ein gutes Packpferd hat keinen eigenen Willen, es hat gefälligst brav hinterherzulaufen. Auf keinen Fall darf es einfach stehenbleiben und seinen Vorgesetzten, also mich, aus dem Sattel reißen. Als Shammy das endlich kapiert hatte, suchte er Körperkontakt und rammte die Kisten, mit denen er beladen war, so lange gegen mein linkes Knie, bis es blau anlief.

Pferde sind toll. Ohne sie wäre der Wilde Westen nur halb so schön. Doch bis zum Ende unserer Reise blieb Shammy mir den endgültigen Beweis dafür schuldig, dass sein IQ höher war als der einer Kartoffel.

Wir ließen die Prärie immer weiter hinter uns, und der matschige Boden wurde steiniger. Und nachdem wir eine weitere Anhöhe überquert hatten, waren wir plötzlich mitten im heiligen Land der Blackfeet: Berge, nichts als Berge. Dazwischen saftig grüne Täler und riesige Wälder – kein Mensch, keine Straße, nicht einmal ein einsames Blockhaus. Und mit jeder Meile aufwärts wich der Horizont ein Stück zurück, und ein weiterer Gipfel kam zum Vorschein, ohne eine Spur von Zivilisation. Unglaublich! Für diese Gegend gab es damals noch nicht mal eine Wanderkarte. In meinem Amerika-Atlas war das Badger-Two Medicine nur ein grüner Fleck ohne Namen inmitten der größten, nahezu unberührten Wald- und Bergregion der USA, südlich von Kanada – der sogenannten Northern Rocky Mountain Front.

Auch wenn das Badger seit 1895 offiziell nicht mehr zur Reservation gehört, war es für Rusty immer noch Blackfeet Country. Sein Vater, erzählte er, habe ihn als Kind oft mitgenommen, um hier zu jagen, zu beten oder einfach nur da zu sein. Er zeigte auf die Berge und nannte ihre Namen: Feather Woman, Scarface, Morning Star. Hier hatten viele der Blackfeet-Mythologien ihren Ursprung. Rusty verglich das Land mit einer Kirche, in die man sich zurückzieht, wenn man mit sich allein sein will.

Ich hatte es mir kaum vorstellen können, aber er hatte recht: Hier war alles noch so wie früher, und ich kam aus dem Schwelgen nicht mehr heraus.

Während wir über blühende Wiesen und kantige Felsen ritten, blickte ich verträumt auf die schneebedeckten Gipfel der Dreitausender.

Die Rocky Mountains Montanas sind nicht das Dach der Welt, aber für mich waren sie das Tor in eine Zeit, in die ich mich gern zurückgebeamt hätte.

Die Hufe meines Pferdes klackerten langsam vor sich hin, und vor meinem geistigen Auge liefen tausend Bilder ab: Da, auf dem Fels, ein stolzer Krieger mit einem Speer in der Hand, und dort, unten im Tal, ein mutiger Trapper in Fransenjacke auf Biberjagd, der wahrscheinlich gleich um seinen Skalp kämpfen wird. Diese Geschichten hatten mir schon immer besser gefallen als die Storys über einen Yeti, der angeblich im Himalaja Angst und Schrecken verbreitet, aber in Wirklichkeit ein feiger Hund ist.

«What about the bigfoot?», fragte ich Rusty und wollte wissen, ob das Rocky-Mountains-Pendant des Yetis hier in der Gegend schon mal gesichtet wurde. «Nein, bisher noch nicht, aber vielleicht haben wir ja Glück», grinste er und führte uns in einen Nadelwald, der so dicht bewachsen war, dass man den Eindruck bekommen konnte, es sei schon später Abend. Vom letzten Sturm waren zig Bäume umgeknickt, und es blieb uns nichts anderes übrig, als ein paarmal aus dem Sattel zu steigen, um unsere Pferde mitten durchs Gestrüpp zu führen.

Die Zweige hingen uns quer vor der Nase, und ich holte mir den einen oder anderen Kratzer. Während ich mich duckte und die Hand vors Gesicht hielt, musste ich aufpassen, dass sich keiner der Äste in den Seilen verfing, mit denen wir unsere Sachen auf den Packpferden verschnürt hatten; fast zwei Stunden hatten wir dafür gebraucht. Eine Machete wäre jetzt genau das Richtige gewesen.

Nachdem wir uns erfolgreich durch den «Dschungel» gekämpft hatten, erreichten wir schließlich den Two Medicine River, einen der vielen Gebirgsflüsse, deren Wasser so klar ist, dass man Forellen beim «Gründeln» beobachten kann. Gemeinsam mit dem Badger Creek, der weiter im Süden fließt, hat er den heiligen Bergen der Blackfeet ihren Namen gegeben.

Wir ritten eine Weile am Ufer entlang, bis wir an eine Stelle kamen, an der wir den Two Medicine gut durchqueren konnten. Dennoch musste ich die Füße hochhalten, um nicht noch nasser zu werden, als ich schon war.

Die glatten Steine am Grund waren für Shammy eine Herausforderung, doch Red Devil stolzierte durch das tiefe Wasser wie ein richtiges Indianerpony – ganz souverän.

Auf der anderen Seite angekommen, tränkten wir die Pferde und füllten unsere Wasserflaschen auf. Was für ein Natur-Flash! Bisher hatte ich noch nie einen Tropfen Wasser direkt aus einem Gebirgsfluss getrunken, und jetzt schlürfte ich es literweise aus meiner hohlen Hand – ein echter Kick. Zumindest so lange, bis ich im Augenwinkel sah, dass Snowy, unser zweites Packpferd, ein paar Meter weiter oben in den Fluss schiffte. Aber was soll's! Besser Pferdepipi als irgendwelche Schmiermittel, die vielleicht morgen schon hier alles verseuchen würden.

Ich setzte mich auf einen Baumstamm, wischte mir die kalten Regentropfen aus dem Nacken und zog mir meine wärmenden Survivalsocken an – hier oben war es ganz schön frisch. Als ich mich wieder auf mein Pferd hocken wollte, erklärte Rusty, dass wir hier, 100 Schritte vom Ufer entfernt, unser erstes Nachtquartier aufschlagen würden.

Na super, dachte ich, dann kann ich ja gleich meine Angel auspacken und für ein leckeres Abendbrot sorgen; darauf hatte ich mich schon die ganze Zeit gefreut. Aber vorher mussten wir uns noch um die Pferde kümmern. Wir brachten sie auf eine kleine Lichtung und banden jedes mit jeweils einem langen Seil an einen separaten Baum, weit genug voneinander entfernt, dass sie sich beim Grasen nicht ineinander verheddern konnten. Dann sattelten wir sie ab, bürsteten ihr Fell und organisierten unseren Lagerplatz in Sichtweite der Pferde.

Eine Stunde später stand ich am Ufer und hielt meinen Köder ins Wasser: einen fetten Wurm. Der Profiangler weiß, dass der frühe Abend die beste Zeit ist und Regenwetter sowieso. Und siehe da: Nach nur wenigen Minuten hatte ich tatsächlich einen Fisch am Haken. Leider sollte es der einzige sein, und leider war er auch nicht besonders groß. Obwohl Rusty wusste, dass es eine leckere Regenbogenforelle war, nannte er sie später etwas abschätzig «breakfast trout», Frühstücksforelle.

Während ich noch dabei war, meiner Rolle als fürsorglicher Ernährer gerecht zu werden, krabbelte Marion zwischen den Nadelbäumen herum, um uns ein gemütliches Nest zu bauen. An einer Stelle, an der der Boden nicht ganz so feucht war, breitete sie unsere Pferdedecken aus und legte unsere Schlafsäcke darauf. Als Regenschutz zurrte sie eine unserer großen Gepäckplanen in die Äste, und fertig war das Trapperbett. Unterdessen suchten Rusty und Peter im Wald nach trockenem Holz und bereiteten ein Lagerfeuer. Toll! Ich kam mir vor wie auf einem großen Abenteuerspielplatz.

Als die Sonne untergegangen war, saßen wir, eingehüllt in dicke Pullis und Ponchos, an unserer Feuerstelle und teilten brüderlich meine Forelle – das bedeutete für jeden etwa zweieinhalb Gabeln. Der Hauptgang bestand aus einem Survival-Eintopf aus der Tüte. Für Rusty war das nichts, er blieb lieber bei seinem Trockenfleisch. Hinterher gab es noch einen sogenannten Trail Coffee: Man schüttet Kaffee in eine Konservendose, gibt Wasser obendrauf und lässt es im Feuer kochen – lecker!

Ich habe schon Nächte in Montana erlebt, die so voller Sterne waren, dass man keine Taschenlampe brauchte, um die nähere Umgebung zu sehen. Doch in dieser Nacht war es stockfinster, und außer dem Rauschen des Two Medicine war kaum etwas zu hören, nur das Knistern unseres Feuers und hier und da ein Pferdeschnaufen.

So viel Ruhe auf einmal kann ganz schön beunruhigend sein. Wir waren mitten in der Wildnis, und dass Rusty seine Winchester niemals aus den Augen ließ, machte mich ehrlich gesagt schon ein bisschen nervös. Aber was wäre ein großes Abenteuer ohne ein bisschen Nervenkitzel?

Als ich mir eine Zigarette anzünden wollte, erinnerte mich Rusty daran, wie ungesund Rauchen sei. Ich solle den Tabak lieber auf der Erde verstreuen. «Wenn du ihn opferst», sagte er, «und den Schöpfer darum bittest, dass wir einen Hirsch oder einen Elch sehen, läuft uns vielleicht morgen einer über den Weg.» Ich stand auf, ging ein paar Schritte in Richtung Fluss, pulte meine Zigarette auseinander und zerstreute den Tabak in die vier Himmelsrichtungen. Und kaum hatte ich dem Schöpfer meine Bitte um mannigfaltige Tierbegegnungen geschickt, hörte ich ein lautes Platschen.

Ich nahm meinen ganzen Mut zusammen, schlich zum Ufer und entdeckte im Licht meiner Taschenlampe einen großen Biber, der gerade einen langen Zweig durchs Wasser schleppte. Wow! Ein echter Biber, freute ich mich. Da tauchte er schon unter und war weg. Wie schade! Aber ich hatte einen Biber gesehen. Vielleicht sollte ich mir in Zukunft nur noch Zigaretten kaufen, um sie zu opfern.

Später, in unserem Trapperbett, kuschelte ich mich ganz nah an Marion. Es war verdammt kalt, und leider hatten wir beim Kauf unserer Schlafsäcke nicht danach gefragt, ob man aus zweien auch einen machen könnte.

Nach ein paar Gutenachtküssen schliefen wir sofort ein; ich schätze, es war nicht später als 22 Uhr. Normalerweise bekomme ich vor 2 Uhr morgens kein Auge zu, doch nach acht Stunden im Sattel tat mir nicht nur der Hintern weh, ich war auch verdammt müde.

Plötzlich, mitten in der Nacht, riss mich ein lautes Knacken im Geäst aus den tiefsten Träumen. Zuerst dachte ich, es wäre

Peter, aber warum sollte der ohne Taschenlampe hinter unserem Schlafplatz herumturnen? Außerdem antwortete er meistens, wenn man nach ihm rief. Marion lag neben mir und schlief wie ein Murmeltier. Ah, alles klar, fiel es mir wieder ein: Das war ganz bestimmt mein Freund, der Biber, der weiteres Baumaterial sammelte. Doch warum macht der das hier und nicht unten am Fluss? Jetzt knackte es schon wieder, nur ein paar Meter hinter meinem Kopfende. Ich richtete mich auf und versuchte, die Geräusche zu identifizieren, die nun langsam von links nach rechts wanderten.

Nein, der Biber konnte das nicht sein. Das war irgendetwas anderes! Aber was? Und wo hatte ich eigentlich meine Taschenlampe hingelegt?

Während ich vorsichtig den Boden nach ihr abtastete, hörte ich auf einmal ein tiefes Schnaufen, das garantiert nicht von einem unserer Pferde stammte. Sofort musste ich an die Gruselgeschichten denken, die man uns erzählt hatte: Angeblich würden in Montana jedes Jahr mehrere Touristen von Bären verspeist. Nach harten Wintern seien diese gefräßigen Monster sogar so hungrig, dass sie die Berge verließen, um draußen in der Prärie auf Beutezug zu gehen. Aber nun brauchten sie gar nicht so weit zu laufen, denn schließlich lagen jetzt vier potenzielle Leckerbissen mitten in ihrem Zuhause.

Je länger ich darüber nachdachte, desto sicherer war ich mir, dass das, was da draußen herumschlich, nichts anderes sein konnte als ein blutrünstiger Grizzly.

Als wir hier oben angekommen waren, hatte Rusty erzählt, dass wir uns keine Sorgen machen müssten. Wenn man bestimmte Regeln einhielt, würden sie einem nichts tun. Also hatten wir alle möglichen Vorsichtsmaßnahmen getroffen: Unsere Nahrungsvorräte hingen in einem festen Beutel in einem Baum, und ich achtete darauf, dass in meinen Taschen keine Snickers-Reste herumlagen. Aber was war mit Marion? Sie war heute den ganzen Tag schlecht drauf gewesen. Wahrscheinlich hatte sie ihre Tage bekommen. O Gott! Daran mochte ich gar nicht denken. Wenn ein Grizzly frisches Blut wittert, unterscheidet er sich nicht wesentlich von einem Weißen Hai. Jetzt schlug mir das Herz bis zum Hals; das hörte der bestimmt! Die Geräusche kamen immer näher, und ich konnte vor Angst kaum noch atmen. Verdammt! Was sollte ich jetzt tun? Ich schaute zu Marion und überlegte, ob ich sie wohl wecken müsste. Nein! Wenn es tatsächlich ein Bär war, dann sollte sie wenigstens ohne Furcht sterben. Ein einziger Hieb, und die Sache wäre erledigt. Natürlich würde ich mich todesmutig dazwischenwerfen, um meine Liebste vor diesem Schicksal zu bewahren; mein Bowie-Messer lag griffbereit neben mir. Aber ich war Realist genug, um meine Erfolgsaussichten als sehr gering einzuschätzen.

Vor vielen Jahren hatte ich mich schon einmal auf einen Ringkampf mit einem Bären eingelassen. Er war etwa einen Meter groß, trug Boxhandschuhe, einen Maulkorb und war der Star eines Wanderzirkus. Ich war neun Jahre alt und hatte kürzlich meinen Gelbgurt im Judo gemacht. Der Dompteur hielt das Tier mit einer Leine fest und winkte dem Publikum mit einem Preisgeld. «Liebe Kinder, wenn jemand unter euch ist, der genügend Mut aufbringt, gegen den wilden Kuno zu bestehen, dann möge er jetzt vortreten!» Ich meldete mich als Erster; die zehn Mark wollte ich mir nicht entgehen lassen. Der Kampf dauerte ungefähr drei Sekunden. Ich lag heulend in der Manege, das Publikum johlte, und der Bär schnupperte an mir herum. Er hatte mich nur kurz angestupst. Seitdem weiß ich aus eigener Erfahrung, dass man gegen die Kraft eines Bären keine Chance hat.

Wenn dir ein Grizzly gegenübersteht, kannst du nur eines tun: dich lautlos auf den Boden legen, die Arme im Nacken verschränken und darauf hoffen, dass er gerade keinen Appetit auf Menschenfleisch hat.

Als ich schließlich meine Taschenlampe fand – sie hatte in meinem Schuh gelegen –, wollte ich es wissen. Wenn ich schon sterben muss, dann will ich dem Killer vorher in die Augen sehen! Das Vieh musste direkt hinter mir stehen; ich konnte förmlich hören, wie es atmete und seine Zähne fletschte. Und als ich meine Lampe anknipste, glotzten mich tatsächlich zwei große Augen an. Vor Schreck wäre ich fast zur Steinsäule erstarrt, doch zum Glück war es kein Bär. Es war eine riesige Elchkuh, die sofort den Rückzug antrat.

Wow! Ich hatte eine Elchkuh gesehen, ganz nah. Aber was hätte alles passieren können, wenn es doch ein Bär gewesen wäre? Oder ein Wolf? Oder ein Berglöwe? Nun ging die Phantasie erst richtig mit mir durch, und ich schlief erst wieder ein, als es schon hell wurde.

Als ich Rusty am nächsten Morgen von meinem Erlebnis erzählte, erklärte er, dass er die Geräusche auch gehört habe. Aber wenn sich ein Bär unserem Lager genähert hätte, dann wären die Pferde ausgeflippt, und das hätten wir mit Sicherheit mitbekommen. Er lächelte und erinnerte mich an den Tabak, den ich geopfert hatte. Manchmal, sagte er, würden solche Sachen eben schneller funktionieren als gedacht.

Obwohl ich meine Zigaretten ab sofort wieder rauchte, anstatt sie zu zerkrümeln, hielt das Leben in der Wildnis für mich noch weitere Abenteuer bereit – angefangen mit der Morgenwäsche. Als ich mein Bein in das eisige Wasser des Two Medicine setzte, erlitt ich fast einen Kälteschock. Ich bin doch nicht verrückt, sagte ich mir, lieber dufte ich weiterhin nach meinem eigenen und dem Schweiß meines Pferdes, als es Peter nachzutun. Der stand mitten im Fluss und schrubbte sich von oben bis unten mit unserer Bioseife ab. Dieser Mann musste einen Waschzwang haben, anders konnte ich mir dieses Verhalten nicht erklären.

Ich hielt meine Hände ins Wasser und rieb mir den Schlaf aus den Augen.

Dann schnappte ich mir eine Rolle Klopapier und stellte mich der nächsten Herausforderung. Ich hatte schon oft gegen einen Baum gepinkelt, aber ein großes Geschäft hatte ich bisher noch nie in der Öffentlichkeit erledigt. So marschierte ich tief in den Wald hinein, damit mich auch ja niemand sehen konnte, buddelte mir ein Loch und hielt mich krampfhaft an einem Ast fest, um ja nicht nach hinten zu kippen. Auf dem Weg zur Natur kommt man ihr manchmal näher, als es einem lieb ist. Glücklicherweise blieb mir diese Erfahrung erspart.

Heute schien ein wirklich schöner Tag zu werden. Ausnahmsweise regnete es nicht, und am Himmel vertrieb die Sonne ein paar Wolken. Endlich konnte ich mein Wildlederhemd anziehen. «Not bad, not bad», kommentierte Rusty meinen «Indianerlook», woraufhin ich mir noch ein Kopftuch um die Stirn band, an dem ich vorher meine Adlerfeder befestigt hatte.

Noch schnell ein Foto eines echten Naturburschen geschossen, und dann saßen wir auch schon wieder in unseren Sätteln – und so verliefen unsere Tage im immer gleichen Rhythmus. Wenn es dunkel wurde, suchten wir uns einen schönen Lagerplatz, und wenn die Sonne aufging, dann ging sie eben auf. Meistens saßen wir über eine Stunde beim Frühstück und ließen den Tag ganz entspannt auf uns zukommen – mal abgesehen von dem Morgen, an dem unsere Pferde ausgerissen waren: Wir hatten sie losgebunden, damit sie sich beim Grasen frei bewegen konnten, und es war meine Aufgabe, auf sie aufzupassen. Solange ich ihren Boss, Steelman, im Auge behielt, war das auch kein Problem. An seinem Hals hing ein zehn Meter langes Seil, nach dem ich jederzeit greifen konnte. Doch in einer Sekunde der Unachtsamkeit machte Steelman einen Satz und sprintete einfach los – und die anderen hinterher. Damit begann ein längerer Fußmarsch über ein paar Wiesen, durch einen Bach und mitten in einen Wald hinein. An den Spuren erkannte Rusty, in welche Richtung die Pferde gelaufen waren. Auf diesem Wege erhielt ich auch eine kleine Lektion darüber, worin sich die Spur eines Pferdes von der eines Bären unterscheidet, der vor etwa eine Stunde hier gewesen sein musste. Der frische Haufen, den er hinterlassen hatte, war ein weiteres Indiz. Rusty nahm an, dass er immer noch ganz in der Nähe sei. Mit geschulterter Winchester marschierte er voneweg und zeigte mit dem Finger auf abgeknickte Zweige, bis wir unsere Ausreißer schließlich auf einer Lichtung wiederfanden. Rusty schwang sein Lasso und fing mit nur einem einzigen Wurf Steelman ein – und wir hatten unsere Pferde zurück. Mit dieser Nummer war ich auf der Lederstrumpf-Skala um mindestens zwei Plätze nach unten gerutscht. Aber Rusty fand immer noch, dass ich in meinen Klamotten ziemlich authentisch aussah.

Am dritten Tag unseres Abenteuers in der Wildnis folgten wir einem schmalen Weg, der uns mitten in eine Schlucht führte. Rusty erklärte, dass dies ein uralter Tierpfad sei, der am Ufer des Badger Creek enden würde. Er stieg vom Pferd, zeigte auf eine zwei Meter breite Felsspalte hoch über unseren Köpfen und krabbelte hinauf, um uns das Quartier eines Berglöwen zu zeigen. «Keine Angst», sagte Rusty, «wenn das Tier zu Hause wäre, dann würden wir das riechen.» Sein Gewehr hatte er trotzdem geschultert.

Oben angekommen, hockte er sich auf einen Felsvorsprung und imitierte eine sprungbereite Wildkatze. Sie müsse, erklärte Rusty, hier oben nur sitzen und darauf warten, bis ein durstiges Beutetier vorbeikäme; der Weg da unten sei für sie wie ein gedeckter Tisch.

Nachdem ich mich getraut hatte, selbst einen Schritt in die Höhle des Berglöwen zu setzen, machte ich sofort wieder kehrt. «Rusty», sagte ich aufgeregt, «da sind frisch abgenagte Knochen drin!»

«Na klar», antwortete er und grinste.

Der absolute Höhepunkt aber erwartete uns am letzten Tag unserer Pferdetour: der Ritt auf den Gipfel eines Berges.

Wieder ging es durch dichtes Gestrüpp, unter Ästen hindurch und über Felsen hinweg. Manchmal war der Pfad so steil, dass ich mich nach vorne beugen musste, um nicht das Gleichgewicht zu verlieren. Und dann war da auf einmal dieser schwindelerregende Abhang.

Nur ein Stück neben mir fiel der Berg bestimmt 50 Meter senkrecht ab. Vielleicht waren es auch weniger, aber mir wird schon ganz anders, wenn ich im zweiten Stock auf einem Balkon stehen muss. Jetzt klammerte ich mich am Sattelknauf fest, klopfte Red Devil auf die Schulter und sprach ihm Mut zu: «Ya, buddy. You are a good horse. Don't worry. Just be careful. Okay?!»

Er war zwar ein Dickkopf, aber wenn es darauf ankam, konnte ich mich voll auf ihn verlassen. Und selbst Shammy, die alte Diva, meisterte diese Herausforderung, als sei er bei Indiana Jones im Trainingslager gewesen.

Zwischen den dichtbewachsenen Bäumen hinter uns tat sich mehr und mehr ein Ozean aus Gipfeln auf, und als wir schließlich auf einer Höhe von ich-weiß-nicht-wie-viel-tausend-Metern ein Plateau erreichten, hatte ich endgültig das Gefühl, in ein überdimensionales IMAX-Kino zu reiten: Vor uns öffnete sich ein Panorama, das in seiner Weite fast irreal wirkte. Weit unter uns erstreckte sich die Prärie ins Unermessliche. Die Foothills, die Wälder, der Flusslauf und alles andere waren nur noch Farbflecken eines gigantischen Teppichs, der sich bis zum Horizont erstreckte. Und im Licht der späten Nachmittagssonne wirkte alles so weich, dass ich mich am liebsten hätte hineinfallen lassen.

Wir banden unsere Pferde an und lockerten die Sattelgurte – hier würden wir nicht nur fünf Minuten bleiben. Ich setzte mich mit Marion auf eine Felskante und blickte in ein nicht endenwollendes Grün im Breitwandformat.

Dort unten waren wir vor vier Tagen entlanggeritten. Und an dem See, der jetzt aussah wie ein winziger Punkt, hatten wir unsere Pferde gesattelt und unsere Tour im strömenden Regen begonnen. Jetzt saßen wir hier oben, mitten auf dem Rückgrat der Erde unter einem strahlend blauen Himmel. Irgendwo, ganz weit weg, zog ein Flugzeug seine Bahn, und ich überlegte kurz, wer darin wohl sitzen mochte. Egal! Um kein Geld der Welt würde ich mit ihm tauschen wollen. Hier unten hatte ich alles, was ich brauchte: mein Pferd, meine Angel, meine Squaw.

Zu Hause habe ich permanent ein Telefon am Ohr, um irgendetwas zu organisieren oder einen Job an Land zu ziehen. Hier spielte das alles keine Rolle mehr. Bausparverträge oder Lebensversicherungen – was soll der ganze Kram? Selbst mein alter Wunsch, mir irgendwann mal mein Traumauto kaufen zu können, ein rotes Alfa Romeo Spider Cabriolet, erschien mir jetzt völlig absurd.

Mit dem Blick auf eine Landschaft, die mich wie ein Magnet immer tiefer in ihren Bann zog, entdeckte ich eine Seite an mir, die auch Marion bisher verborgen geblieben war.

«Ich weiß nicht, ob da oben jemand auf einer Wolke sitzt oder ob der liebe Gott nur eine biologische Formel ist», sagte ich. «Aber eines weiß ich ganz sicher: Wir Menschen sind doch nichts weiter als nur ein winziges Krümelchen in einer riesengroßen Indianerpfeife.»

Wem die Berge des Badger-Two Medicine nun auch immer gehörten, ob die Häuptlinge der Blackfeet sie 1895 nun verkauft oder nur für 99 Jahre an die USA verpachtet hatten, ob während der Verhandlungen damals mit falschen Übersetzungen gearbeitet wurde oder nicht: In diesem Augenblick war mir das völlig egal. Das Allerwichtigste war, dass dieses Land bleibt, wie es ist, und dass nach uns kein Weißer Mann mehr seine Spuren dort hinterlässt.

Nachdem wir uns wieder auf die Pferde geschwungen hatten, um zu unserem Ausgangspunkt zurückzureiten, fragte ich Rusty, ob er gern in der alten Zeit geboren worden wäre. Er dachte kurz nach und sagte, dass er sich das als Jugendlicher oft vorgestellt hatte. Aber mittlerweile sei er sich nicht mehr so sicher, denn er würde sich jetzt schon darauf freuen, gleich eine schöne heiße Dusche zu nehmen.

Als ich zwei Wochen nach unserem Ritt durch das Badger-Two Medicine wieder in Hamburg war, begann ich sofort, an meinem Dia-Vortrag zu arbeiten: «Mit dem Pferd auf dem Rückgrat der Erde». Dabei griff ich tief in die Hollywood-Trickkiste und unterlegte die Bilder mit molliger Orchestermusik,

Flöten im Hall und traurigen Indianerzitaten aus dem Esoterik-Handbuch. Mein Plan ging auf, und meine Tournee durch 20 Provinzstädte war ein voller Erfolg.

Einige Jahre später verwarfen die Konzerne ihre Pläne, in den heiligen Bergen der Blackfeet nach Öl und Gas zu bohren.

Es ist eher unwahrscheinlich, aber wer weiß? Vielleicht habe ich auch ein kleines bisschen dazu beigetragen …

Die Sache mit
der Badewanne

Meine Haare sind mir heilig. Seit ich denken kann, waren sie Ausdruck meiner Haltung gegenüber allen Cowboys dieser Welt. In den siebziger Jahren war ich der einzige Junge in meiner Klasse, dessen Schopf bis zu den Schultern hing. In den Achtzigern zählte ich zu den Ersten, die sich ihre Matte zu einem Zopf banden, und als ich damit begann, meine Haare im Waschbecken zu zählen, entdeckte ich meine Leidenschaft für Hüte – Anfang der Neunziger.

Wer mich heute in privaten Momenten ohne Kopfbedeckung erlebt, wird vermutlich nicht mit dem Finger auf mich zeigen, denn im Grunde ist meine Situation obenrum gar nicht so schlimm. Doch als mein Körper noch damit beschäftigt war, seinen postpubertären Hormonhaushalt zu organisieren, löste jedes verlorene Haar eine Identitätskrise aus.

Ein echter Indianer hat solche Probleme nicht. So trat ich nach meiner ersten Reise zu den Blackfeet die Flucht nach vorn an und beschloss, der Natur nun endgültig freien Lauf zu lassen und in Zukunft einfach nicht mehr zum Friseur zu gehen. Schließlich steht das, was auf dem Kopf nach außen wächst, in einer Wechselbeziehung mit dem Innenleben seines Trägers. Ergo: Je länger die Haare, desto indianischer die Seele!

Und so lief ich im Sommer 1994 mit zwei geflochtenen Zöpfen, die mir fast bis zur Taille hingen, durch die Straßen Brownings und fühlte mich «indianischer» als je zuvor.

Nun weiß jeder, dass eine lange Matte sehr sensibel ist und einer intensiven Pflege bedarf, vor allem dann, wenn die Haare besonders dünn sind und täglich weniger werden. Nachdem sich alle chemisch hergestellten Wundermittel als wirkungslose Placebos entpuppt hatten, unterzog ich mich alle drei Monate einer aufwändigen Haarkur, die im Wasserkreislauf der Erde keine giftigen Spuren hinterlässt – und am dritten Samstag im August war es wieder so weit: Henna-Time! Da passte es hervorragend, dass meine beiden diesmaligen Gastgeber Roger und Dyanne mich gebeten hatten, als Babysitter einzuspringen.

Seit zwei Monaten war ich jetzt schon auf der Reservation, und die Chance, mich für die Gastfreundschaft der beiden zu revanchieren, kam mir sehr gelegen. Roger und Dyanne hatten es verdient, ihren Hochzeitstag allein zu feiern. Und wenn die Kinder erst im Bett wären, so dachte ich, könnte ich mich ganz in Ruhe in die Wanne legen und ungestört der Notwendigkeit einer termingerechten Ganzkörperpflege nachgehen.

Tiny, Olivia und Tiffany waren vier, sieben beziehungsweise acht Jahre alt und genossen eine Erziehung, die der professionelle Pädagoge «Laisser-faire» nennt. Das bedeutet: Die Kinder machen, was sie wollen.

Nach außen gaben sich Roger und Dyanne als strenge Eltern: «Wenn man Kindern etwas sagt, dann muss man es auch durchziehen, sonst gibt's Chaos.» In Wirklichkeit aber stand ihnen meistens ihr großes Herz im Weg, was dazu führte, dass sie nur selten konsequent waren. Als gelernter Pädagoge war mir das natürlich sofort klar. Während einer dreijährigen Erzieher-Ausbildung (man soll ja auch einen richtigen Beruf lernen) hatte ich diverse Praktika in verschiedenen Kindergärten und Jugendhäusern absolviert.

Von meinen Fachkenntnissen zutiefst beeindruckt, schmissen sich die besorgten Eltern jetzt in ihre Ausgehklamotten und machten sich auf den Weg in das 200 Kilometer entfernte Great Falls. In der drittgrößten Stadt Montanas hatten sie sich ein kuscheliges Motelzimmer gebucht.

Roger und Dyanne:
a horse, a ride and a honeymoon happiness.

enn irgendetwas ist, kannst du uns dort jederzeit anrufen!»

«Okay. Macht euch keine Sorgen. Ich kriege das schon hin.»

wei Stunden später. 17 Uhr. Alles lief nach Plan. Die Kiddies saßen vor dem Fernseher, und ich daddelte auf meiner Gitarre herum.

«She's a good girl, loves her mamma», intonierte ich leise die ersten Zeilen eines der größten Popsongs aller Zeiten, «loves Jesus and America too.»

Und als ich langsam auf den Refrain zusteuerte, schauten die drei zu mir herüber, als wollten sie sagen: Ja, super, dieser Song ist echt klasse, weiter so.

«And I am free, free falling», sang ich jetzt voller Inbrunst und kommentierte ihre Blicke mit dem Satz: «Ja, ja, der gute alte Tom Petty!»

«Wer ist Tom Petty?», fragte Olivia. «Kannst du auch was von Mariah Carey?»

Ich hätte ihr gern den Gefallen getan, aber in meinem zerfledderten Liederbuch gab es nur Songs mit einer richtigen «Message».

13 UHR. Dinner time. Zeit, den Tisch zu decken und die vorgekochten Spaghetti in die Mikrowelle zu stellen. 30 Minuten später waren alle satt, und nach einer weiteren Fernsehstunde beauftragte ich Tiffany, ihre Schwester Tiny ins Bett zu bringen.

Das Kinderzimmer lag am Ende des Flurs gegenüber dem Badezimmer; zwölf Quadratmeter Indian Country, in denen es meistens aussah wie nach einem Überfall der 7. Kavallerie. Zwischen den Kinderbetten, darauf und auch darunter lag alles herum, was junge Damen so brauchen: einarmige Puppen, die sprechen können, Haarspangen und Hautcremes, zahllose Puzzleteile und eineinhalb abgenutzte Gameboys.

Fünf Minuten später kam Tiffany wieder zurück ins Wohnzimmer, nickte mir zu und zeigte mir ein Paar Mokassins.

«Die sehen aber klasse aus, hast du die selbst gemacht?»

«Ja», antwortete sie. «Ich muss nur noch ein Blumenmuster daraufsticken, und dann kann ich sie verkaufen!»

Tiffany war ziemlich traditionsbewusst und im Gegensatz zu ihrer Schwester Olivia ein braves Mädchen. Olivia gehörte schon im Alter von sieben Jahren zu den Menschen, die niemals die Fernbedienung aus der Hand geben und permanent hin und her zappen. Hier war der Pädagoge gefragt.

«Olivia, wollen wir nicht zusammen Musik machen? Dein Vater hat doch noch eine alte Handtrommel. Du könntest mir ein indianisches Lied zeigen. Wie wär's?»

«Ich kenne keins», schallte es mir entgegen. «Ich will fernsehen.» Na gut! Man darf Kinder zu nichts zwingen.

Ich war mir sicher, dass Olivia ein indianisches Lied kannte.

Sie ging bereits seit einem Jahr zur Schule, und in der Native Primary School in Browning bringen die indianischen Lehrer ihren Schülern nicht nur die amerikanische Nationalhymne bei. Indianische Kunst, Kultur und auch die fast vergessene Sprache der Blackfeet stehen auf dem Lehrplan.

Vor ein paar Jahrzehnten war das noch ganz anders gewesen. Von Olivias Großeltern wusste ich, dass noch zu ihrer Zeit die weißen Angestellten der von den USA eingerichteten «Indianerschulen» nichts unversucht gelassen hatten, den Blackfeet alles auszutreiben, was auch nur entfernt an indianische Kultur erinnerte. Der Rohrstock lag griffbereit unter dem Lehrerpult. Das ist vorbei; seit den siebziger Jahren werden alle Schulen auf der Reservation nur noch von Blackfeet geleitet.

21 UHR. Nun war es auch für die beiden älteren Schwestern an der Zeit, sich bettfertig zu machen. Olivia sah das natürlich anders. «Ohhhh», quakte sie, «es ist noch viel zu früh.»

«Nein, das ist es nicht», erwiderte ich. «Während der Schulferien kannst du zwar länger aufbleiben, aber deine Mutter hat gesagt, dass ihr beide um neun Uhr schlafen geht. Also, Zähne putzen!»

«Ooooookay!», grummelte sie, stand auf und dackelte Tiffany hinterher.

Na, es geht doch, klopfte ich mir selbst auf die Schulter. Man muss die Stimme nur etwas tiefer legen.

Die Vorbereitungen für mein Projekt «Looking fresh & beautiful» konnten beginnen. Die wichtigsten Utensilien, die ich dafür benötigte, hatte ich in meiner Kulturtasche: 200 Gramm

Henna (Farbton Braun), ein Paar Plastikhandschuhe, eine Haube und etwas Kokosöl; den Rest suchte ich mir in der Küche zusammen: ein Ei, ein Viertelliter Milch und eine Schüssel.

Gute 20 Minuten später war ich so weit und wunderte mich über das laute Gekicher aus dem Badezimmer. Als ich gerade aufstehen wollte, um nach dem Rechten zu sehen, klingelte das Telefon.

«Hi Raymon», begrüßte mich Dyanne, «ist alles in Ordnung?»

«Ya, everything is fine», antwortete ich und erklärte, dass sich ihre beiden Süßen seit einer halben Stunde aufs Bett vorbereiteten.

«Ja, ja, das kenne ich», sagte sie und bat mich, einen kurzen Blick ins Bad zu werfen. Sie vermutete, dass sich Olivia in die Wanne gelegt hätte, um mit einem vorgetäuschten Waschgang Zeit zu schinden. Ihr siebter Sinn sollte sie nicht täuschen. Und während Dyanne am Telefon wartete, nahm die Diskussion ihren Lauf. «Oliviaaaaaa!», mahnte ich durch den Türspalt. «Du kannst jetzt rauskommen. You are clean enough!»

«Nooo, not yet. Meine Mum hat gesagt, dass ich mich jeden Abend in die Wanne legen und gründlich waschen soll!»

«Olivia, ich bin mir nicht ganz sicher, ob das so stimmt», wollte ich ihr eine Chance geben und hörte mir ihre Geschichte ein zweites Mal an. «Raymon, that's really true!»

Tiffany saß mit dem Rücken an die Wanne gelehnt, kämmte sich die Haare und hielt sich raus.

«Olivia», sprach ich jetzt mit ganz tiefer Stimme. «Ich weiß genau, dass das nicht die Wahrheit ist. Deine Mutter ist gerade

am Telefon, und ich habe das Gefühl, dass sie ein Wört-chen mit dir reden möchte!» Volltreffer.

«Alles klar, Dyanne. Habe alles im Griff. Bis morgen früh!»

23.15 UHR. Die beiden Mädels lagen endlich in ihren Betten und gaben keinen Mucks mehr von sich. Genau so muss es sein: Licht aus, Ruhe im Karton. Nun war der Weg frei. Ich schloss die Ba-dezimmertür hinter mir, nachdem ich ein selbst-gemaltes Stoppschild an den Knauf gehängt hatte (einen Schlüssel gab es nicht), legte als Letztes meinen Hut ab und setzte mich in die Wanne. Dann drehte ich den Wasserhahn auf und starrte in meinen kleinen Reisespiegel. Und da waren sie wieder, meine Geheimratsecken – das blanke Grauen!

Das Tückische an Geheimratsecken ist die Tatsache, dass sie sich unaufhaltsam nach oben fressen, während der Haaransatz zwischen den blanken Stellen so tut, als sei es ihm völlig egal, was neben ihm passiert. Im fortgeschrittenen Stadium entsteht dadurch der sogenannte M-Effekt. Ich will mich nicht mit frem-den Federn schmücken; den Ausdruck «M-Effekt» habe ich von Thomas Gottschalk.

«Und hier ist er nun», sagte er während einer «Wetten, dass?»-Sendung, «der Mann, der den Anfangsbuchstaben seines Nach-namens unübersehbar auf der Stirn trägt: Felix Magath!» Der arme Felix. Das hatte er wirklich nicht verdient. Immerhin war er mal der beste Mittelfeldspieler der Bundesliga gewesen. Die Tatsache, dass auch ich auf meine eigene M-Situation ange-sprochen werden könnte, löste bei mir größtes Unbehagen aus, und mit einem Hut wollte ich auch nicht immer herumlaufen. Daher entwickelte ich eine Methode, die dem Prinzip der op-tischen Täuschung folgt: Man nehme einen Nassrasierer, hole einmal tief Luft und stutze den Haaransatz in der Mitte der Stirn um einen glaubwürdigen Zentimeter, und schon wirken die Geheimratsecken ein bisschen kleiner.

Vom Resultat beschwichtigt, legte ich jetzt die Klinge zur Seite und ging zum Hauptgang über. Ich zog mir die Plastikhandschuhe an und bepinselte mein restliches Haupthaar mit einer Hennamixtur, die sich anfühlte wie ein frischer Haufen Büffelkacke. Aber da muss man eben durch. Das Ergebnis versöhnt: Eine fachgerecht ausgeführte Behandlung macht aus dir – nach nur drei Stunden – einen völlig neuen Menschen! Fransig dünnes Straßenköterhaar glänzt plötzlich wie edles Mahagoni und ist dick, voll und gesund – indianisch eben.

23.15 UHR. Seit gut einer Stunde lag ich jetzt in der Badewanne, und mit dem Brei auf meinem Kopf hatte ich ein gutes Argument, noch zwei weitere Stunden ranzuhängen. Ach, wie wunderbar, dachte ich, ließ warmes Wasser nachlaufen und stellte wieder einmal fest, dass es auf der Welt keinen besseren Ort zum Relaxen gibt als ein lauschiges Schaumbad. Und während ich so friedlich im Hier und Jetzt lag, riss mich plötzlich ein lautes Türklopfen aus der höchstmöglichen Entspannung: «Raymon, kannst du mich mal reinlassen? Ich muss mal!»

Olivia! Ich hatte es doch gewusst: Sie würde keine Ruhe geben.

Doch auf keinen Fall werde ich dieser kleinen Nervensäge jetzt die Tür öffnen und mich ihr in einem so intimen Moment präsentieren. Sie würde bestimmt wissen wollen, warum ich eine Plastikhaube auf dem Kopf trage, und mit Olivias Diskretion war nicht zu rechnen. Die Nachricht von dem Weißen Mann, der seinen Kopf mit «buffalo shit» einschmiert, würde sich bestimmt wie ein Lauffeuer verbreiten.

Obwohl es auf der Reservation neben mir auch andere Männer gab, die selbst aus den dünnsten Fusseln noch zwei Zöpfe machten, hatte ich noch nie von einem Schwarzfuß gehört, der

einen solchen Aufwand betrieb wie ich. So etwas machten nur die Frauen. Ein Mann färbt sich nicht die Haare. Und wenn doch, würde man munkeln, dass dieser ganz bestimmt ein «Ahkisahpsi» ist – «a man who acts like a woman» oder kurz: schwul!

«Raymon, pleeease, ich muss wirklich ganz dringend!»

«Tut mir echt leid, aber das geht jetzt nicht!»

In Wirklichkeit tat es mir überhaupt nicht leid. Ich war mir sicher, dass mich Olivia nur ärgern wollte. Als sie mir schließlich damit drohte, sich in die Hose zu machen, erinnerte ich sie daran, dass es noch eine zweite Toilette hinter dem Schlafzimmer ihrer Eltern gebe.

«Du weißt doch, wo die ist?»

«Ja, natürlich weiß ich das, aber mein Dad hat gesagt, dass ich diese Toilette nicht benutzen darf!»

Ganz schön clever, dachte ich und gab ihr zu verstehen, dass sie jetzt genau drei Möglichkeiten habe: «Olivia, pass auf: Entweder machst du dir jetzt in die Hose, gehst raus und pieschst in die Prärie oder benutzt das Klo deiner Eltern. Du hast hiermit meine Erlaubnis!»

«Aber draußen ist es sooo kalt. Und auf der anderen Toilette funktioniert der Abzug nicht. Und, äaah, ich muss mal groß.»

Ja, ja, alles klar. Erzähl mir ruhig einen vom Pferd. Wer einmal lügt, dem glaubt man nicht!

«Olivia, keine Chance, du kommst hier nicht rein», blieb ich konsequent und quittierte jeden weiteren Widerspruch mit eisernem Schweigen.

Zwei Stunden später. Hinter mir lagen der «Glacier Reporter» von vorletzter Woche, das aktuelle Modemagazin «Cowboys and Indians» und ein weiteres Durch-die-Tür-Gespräch mit Olivia. Meine Finger und Fußsohlen sahen aus wie die eines Stammesältesten, und der Klumpen auf meinen Kopf fühlte sich inzwischen an wie getrocknete Büffelkacke. Die Zeit war gekommen, den Abfluss zu öffnen, mir wieder die Plastikhandschuhe anzuziehen und den heutigen Tag mit der unvermeidbaren Schlammschlacht zu beenden.

Nun ist es so: Es gibt Badewannen, die speziell beschichtet und hennakompatibel sind – und es gibt andere. Und in so einer anderen lag ich gerade. Die Augen geschlossen, die Dusche in der Hand, floss mir die braune Suppe vom Kopf, klatschte auf den Wannenboden und hinterließ neben vereinzelten Sprenklern einen langen, unansehnlichen dunklen Streifen in Richtung Abfluss. Als ich mir nach einer gefühlten Viertelstunde endlich das letzte Körnchen aus den Haaren gespült hatte, traf es mich wie ein Farbbeutel. Sofort kippte ich mein gutes Haarshampoo auf die jetzt nicht mehr ganz so weiße Keramik und griff nach meiner Nagelbürste. Fünf Minuten später versuchte ich es mit der Flasche, die neben der WC-Bürste stand. Doch auch das Reinigungsmittel mit dem Totenkopf sollte zu keinem sichtbaren Erfolg führen.

Verärgert über meine eigene Gedankenlosigkeit (ich hätte ja vorher einen kleinen Farbcheck machen können), haderte ich mit mir, Gott und den Badewannenherstellern Montanas. Millionen Menschen färben sich ihre Haare mit Henna, und ausgerechnet ich muss an eine Badewanne geraten, die nichts taugt! Und warum eigentlich hat mein Bruder die schwarzen vollen Haare unseres halbspanischen Vaters geerbt, einschließlich seines Teints? Wenn ich dieses Glück gehabt hätte, wäre mir so einiges erspart geblieben.

Ich nahm die Beine in die Hand und flitzte in die Küche, um es mit einem alten Hausmittel zu versuchen, und stand wenig später wieder im Bad – mit dem Rücken zur Tür. Wenn in diesem Augenblick eine der Kiddies aus ihrem Zimmer gekommen wäre, hätte sie als Erstes den blanken Hintern eines blasshäutigen Mannes gesehen, der, über den Wannenrand gebeugt, seinen Oberkörper hektisch vor und zurück bewegt.

Mit einem Lappen in den Fäusten, den Blick auf das Wesentliche gerichtet, wischte, schrubbte und wienerte ich, was die Margarine hergab – links, rechts, oben und unten und wieder zurück. Nach einer Viertelstunde vergeblicher Mühe setzte ich mich aufs Klo und ließ den Kopf hängen. Frustriert bis in die Spitzen meiner schönen neuen Haare, glotzte ich auf den rosaroten Badezimmerteppich und fragte mich, wie ich das Roger und Dyanne erklären sollte. Die Flecken waren zwar nicht mehr ganz so dunkel, aber würde ich meine eigene Wanne so vorfinden, wäre ich ziemlich sauer.

Gegen halb vier verkrümelte ich mich auf die Wohnzimmercouch und zog mir die Decke über den Kopf. Ich kann mich nicht mehr an jedes Detail erinnern, aber ich weiß noch genau, dass bereits der Morgen graute, als ich in einen unruhigen Schlaf fiel und merkwürdige Dinge sah: Da waren ein Mann, der nur mit seinen Haaren eine Badewanne durch die Prärie zog, eine Schlagzeile im «Glacier Reporter» und viele Augen, die mich anstarrten. Und auf einmal sprach eine leise Stimme zu mir: «Hey, Raymon. Get up. It's coffeetime!»

«Coffee?», murmelte ich, noch im Halbschlaf, rieb mir die Augen und realisierte, dass es Dyanne war. Sie beugte sich zu mir herunter, lächelte mich an und drückte mir einen Becher mit frischem Kaffee in die Hand.

 je! Dyanne hat die Katastrophe noch gar nicht gesehen, reimte ich mir zusammen und fragte vorsichtig nach, wo denn eigentlich Roger sei.

«Der repariert gerade die Toilettenspülung von unserem Klo», sagte sie und erklärte, dass der Abzug schon seit Tagen nicht funktioniere.

Toilettenspülung! War da nicht was mit Olivia …? Oh shit! Nahm die Peinlichkeit denn gar kein Ende?

Alle hatten gewusst, dass der Abzug kaputt war. Nur ich nicht. Warum hatte mir das keiner gesagt? Olivia? Nein! Die erzählte eh den ganzen Tag Münchhausen-Geschichten.

Okay! Jetzt war es wahrscheinlich eh schon zu spät. Mit Roger konnte ich auch später noch sprechen. Jetzt gab es ein anderes Thema.

«Dyanne, setz dich bitte mal hin, ich muss dir dringend etwas sagen!»

Doch bevor ich mit meinen Erklärungen starten konnte, blickte sie mich erstaunt an und fragte: «Raymon, was hast du mit deinen Haaren gemacht?»

«Ja, genau. Darum geht es», erwiderte ich, schenkte uns beiden noch etwas Kaffee ein, nahm einen Schluck und legte los. Eine Viertelstunde später sollte sie meine halbe Lebensgeschichte kennen: angefangen mit meinem Selbstverständnis als

Gesinnungsindianer über die Notwendigkeit, Flagge zeigen zu müssen, bis hin zur Glatzenphobie.

Die Kinder tobten durch die Wohnung, Roger betätigte sich immer noch als Klempner, und Dyanne saß geduldig in ihrem Sessel und hörte zu.

«Tja, ich kann es nicht ändern», sagte ich abschließend, «es tut mir wirklich leid. Aber jetzt weißt du wenigstens Bescheid!»

«Ach so. Ich hatte mich wirklich gefragt, was das ist», reagierte Dyanne so locker, als ginge es hier wirklich nur um meine Haare.

«Ich habe schon einiges über Henna gehört», fuhr sie fort, «erst gestern hat mir Judy davon erzählt!»

Judy war damals die Chefin des Hairstyle-Beauty-Shops in Browning. Dort hatte sich Dyanne ein paar Strähnen rot färben lassen. Ihre Haare waren hellbraun und fast so dünn wie meine.

«Raymon, ich würde das auch mal gern ausprobieren», sagte sie und fragte, ob ich von dieser Medizin noch etwas übrig hätte. «Das sieht wirklich gut aus!»

«Ja, klar!», antwortete ich. «Aber Dyanne, schau dir doch erst einmal die Wanne an.»

«Ach, mach dir keinen Kopf, Raymon, wir haben sie schon gesehen. Alles halb so wild. Forget it!»

Ich hätte sie küssen können, und die ganze Familie gleich mit. Stattdessen aber entschuldigte ich mich, weil ich schon seit einer Weile dringend zur Toilette musste. «Bin gleich wieder da!»

Als ich kurz darauf vor dem besetzten Badezimmer stand, kam Roger um die Ecke, mit einer aufgedrehten Olivia im Huckepack.

«Hi Raymon, how is it goin'?», fragte er.

«So weit ganz gut», antwortete ich. «Aber ich muss unbedingt mal auf die Toilette!»

«Du kannst ruhig unsere benutzen. Die Spülung geht wieder»,

sagte er und lächelte mich auf eine Art und Weise an, wie er mich noch nie angelächelt hatte «Du weißt ja, wo das Klo ist?»

Olivia, die eben noch wie unter Strom stand, wurde auf einmal ganz still und schaute mich mit großen Augen an. Sie wusste ganz genau, dass ihr Vater auf der falschen Fährte war. Einen kurzen Moment lang überlegte ich, ob ich irgendetwas dazu sagen sollte – aber warum? Schließlich hatte Olivia mir gegenüber die Wahrheit gesagt. Ich grinste sie an, bedankte mich bei Roger für das Angebot und kniff seiner Tochter im Vorbeigehen in den Fuß.

Seit diesem Tag sind Olivia und ich die dicksten Freunde, und niemand verlor mehr ein Wort über das, was in der Nacht geschehen war.

Ein Mann, ein Jäger

icht bewegen, Ramon, nur nicht bewegen. Die kleinen Viecher hören alles. Ein einziges Geräusch, und ich kann noch einmal von vorn anfangen.

Eine halbe Stunde hatte ich gebraucht, um mich in diese aussichtsreiche Schussposition zu robben. Die Schwarzfuß sagen dazu: You have to be really sneaky to get close. Und vier Meter waren nah genug. An einem guten Tag treffe ich aus dieser Distanz eine Streichholzschachtel. Jetzt musste meine Beute nur noch aus seinem Loch herauskommen, dann würde ich zum ersten Mal die Erfahrung machen, die für mich schon lange fällig war. Wer sein Mittagessen niemals selbst erlegt, der denkt auch nicht darüber nach, dass das Schnitzel in der Pfanne irgendwann einmal ein hübsches Fell und zwei Knopfaugen hatte. Wer weiß – vielleicht würde ich schon ab morgen für immer auf Fleisch verzichten, so wie meine alte Freundin Melanie, die jedes Mal an mein Indianerherz appelliert, wenn ich mir ein halbes Hähnchen bestelle. Es macht mir ja nichts aus, ab und zu auf einen Gemüseburger auszuweichen, aber noch war ich kein Vegetarier – genauso wenig wie die Blackfeet.

Auf der Reservation ist Fleisch das Nahrungsmittel Nummer eins. Im Supermarkt in Browning machen die Schwarzfuß noch seltener als ich einen Bogen um die Gefriertruhe mit den appetitlich verpackten T-Bone-Steaks und dem keimfrei verschweißten Rinderhack. Doch im Gegensatz zu mir scheuen sie sich nicht davor, sich die Hände auch mal schmutzig zu machen. Im Gegenteil. Das ganze Jahr über fiebern die Männer dem Beginn der Jagdsaison im Herbst entgegen, in der es ihnen offiziell erlaubt ist, den Tieren das Fell selbst über die Ohren zu ziehen. Allerdings kommt heute niemand mehr auf die Idee, seine Beute über die steilen Klippen der Buffalo Jumps zu treiben. Und bisher habe ich auch noch keinen Indianer getroffen, der mit Pfeil und Bogen auf die Jagd geht.

In der Regel greifen die indianischen Jäger von heute in ihren schmucken Waffenschrank gleich neben der Garderobe, nehmen sich das große Jagdgewehr mit dem Zielfernrohr und fahren mit dem Pick-up so weit, wie es geht, ins Hinterland.

Aber für die meisten von ihnen ist das Erlegen eines Tieres viel mehr als nur der Gedanke an einen vollen Kühlschrank oder die fehlende Trophäe an der Wohnzimmerwand. Jagen ist ein heiliges Ritual: Nicht wenige bereiten sich mit einer Schwitzhüttenzeremonie auf das Ereignis vor und bitten den Schöpfer um Unterstützung. An der Bedeutung einer Jagd hat sich für sie im Vergleich zu den Great Buffalo Days also nicht viel geändert, obwohl heute nur noch in Ausnahmefällen ein Büffel geschossen wird.

Während der Dreharbeiten zu meinem Film «Am Fuß der Rocky Mountains – Ein Medizinmann auf Büffeljagd» wurde ich 2005 Zeuge einiger traditioneller Jagdrituale und durfte unter anderem auch ein kleines Stück rohe Niere der erlegten Beute verzehren. Als Regisseur, der einen so seltenen Moment wie eine indianische Büffeljagd filmen darf, war es mir eine Ehre: runterschlucken, fertig! Ich hätte es auch wieder ausspucken können, so wie der junge Jack Red Bird. Aber das ist eine andere Geschichte.

Als mich elf Jahre vor diesem einmaligen Erlebnis das Jagdfieber gepackt hatte, kannte ich auf der Reservation noch niemanden, der mich auf eine Jagd mitgenommen hätte. Und da es mir nicht erlaubt war, auf eigene Faust einen Elch oder einen Hirsch zu erlegen, sollte jetzt, an einem schönen Spätsommernachmittag, ein Präriehörnchen dran glauben.

«Was? Du willst ein kleines süßes Hörnchen töten?», hatte mir Marion mit auf den Weg gegeben und bezweifelt, dass ich überhaupt eines treffen würde.

Zugegeben, ihre Skepsis war nicht ganz unberechtigt. Erst am Tag zuvor war mir eine stattliche Wildgans durch die Lappen gegangen. Und die durchschnittliche Größe eines ausgewachsenen Präriehörnchens entspricht nicht einmal der eines ausgehungerten Kaninchens. Aber das spornte mich nur noch mehr an. «Wart's ab, heute Abend gibt es Hörnchen am Spieß!» Warum auch nicht? Ob ich nun eine glitschige Forelle oder ein kuscheliges Felltier ins Jenseits beförderte – auch Fische haben eine Familie, und in Montana gibt es wahrscheinlich mehr Präriehörnchen als genießbare Wasserbewohner. Da kam es auf eines mehr oder weniger nicht an, und meine Absolution zur Hörnchenjagd hatte ich bereits – von einem amerikanischen Ureinwohner persönlich!

«Probier's doch auch mal!» – mit diesen Worten hatte mir unser derzeitiger Gastgeber Larry die Lizenz zur Kleintierjagd erteilt, als er vom Fahrersitz seines Trucks auf panisch flüchtende Hörnchen ballerte. «Diese verdammten Gopher sind eine Plage», erklärte er. «Wenn dein Pferd in eines dieser Erdlöcher tritt und du dich auf die Schnauze legst, weißt du, wovon ich rede.»

Bis zu diesem Augenblick war ich immer davon ausgegangen, dass den Indianern jedes Wesen auf Erden heilig sei, «everything is sacred», aber ein Präriehörnchen ist eben nicht everything. Was wäre wohl von dem Tier übrig geblieben, wenn Larry mit seinem .44er Trommelrevolver getroffen hätte? Es wäre vermutlich geplatzt und hätte sich in die heiligen vier Winde verstreut.

Nein danke! Feuerwaffen sind nicht mein Ding. Sie sind einfach zu laut, zu martialisch und irgendwie unfair. Wenn ich mich schon dafür entscheide, auf ein Tier zu schießen, dann ziehe ich es vor, meiner Beute eine reelle Chance zu geben und sie auf die gute alte Indianerart niederzustrecken. Und so hockte ich nun mit Pfeil und Bogen (einem schlichten Recurve ohne Schnickschnack) auf der Präriewiese vor Larrys Haus und wartete darauf, eine echt archaische Erfahrung zu machen. Schluss damit, des Nachts vom Balkon meiner Hamburger Erdgeschosswohnung auf Milchtüten zu schießen. Das war schon lange keine Herausforderung mehr. Nun kam es darauf an, herauszufinden, ob ich im Fall des Falles einer wirklichen Survivalsituation gewachsen wäre – Präriehörnchen sind keine Milchtüten, die bewegen sich, und auf ein bewegtes Ziel hatte ich bisher noch nie geschossen.

Konzentriert bis in die Zehenspitzen, fixierte ich mit dem Blick einer Klapperschlange das kleine Erdloch, in dem vor einer gefühlten Stunde ein fettes Hörnchen verschwunden war. In der rechten Hand hielt ich den Bogen und zwischen Zeige- und Mittelfinger meiner linken Hand den angelegten Pfeil. Es versteht sich von selbst, dass ich das Tier nicht einfach nur abballern wollte, frei nach dem Motto: «Just a dead gopher is a good gopher.» Erdhörnchen haben mehr Respekt verdient, ob sie nun eine Plage sind oder nicht. Sollte es mir gelingen, einen dieser kleinen Vierbeiner zu erlegen, würde ich, so wie es sich gehört, zuerst einen guten Schluck seines warmen Blutes trinken und dann einen Teil seiner Innereien unserer Mutter Erde opfern. Wenn Leber, Herz oder Niere von einem anderen Tier verputzt werden, würde der Geist des Hörnchens in diesem weiterleben. So wurde es mir jedenfalls von einem indianischen Jäger erzählt.

Doch nach der Gopher-Jagd mit Larry war ich mir nicht mehr so sicher, ob das auch für Hörnchen galt. Anyway! Auf jeden Fall würde ich meiner Beute das Fell abziehen, um es gemäß der Anleitung meines Survivalbuches mit Asche und Salz zu gerben, und vielleicht könnte ich aus den Knochen noch irgendetwas basteln: einen Angelhaken oder eine neue Pfeilspitze. Nichts sollte verschwendet werden. Der Tod «meines» Hörnchens sollte nicht umsonst sein.

Naa, put, put, put. Komm schon raus aus deinem Loch», wurde ich langsam ungeduldig, aber nichts rührte sich. Der Kopf hätte mir schon gereicht. Einen anderen Körperteil anzuvisieren wäre ohnehin nicht sinnvoll. Mit einem Schuss ins Herz würde es sich zwar auch sofort vom irdischen Dasein verabschieden, doch ein Pfeil dreht sich während des Fluges um die eigene Achse und bohrt sich wie der Aufsatz einer Bohrmaschine in sein Ziel. Wenn man wie ich eine Jagdspitze benutzt, deren hinteres Ende drei Zentimeter breit ist, hieße ein derartiger Treffer: Hackfleisch. Zumindest in diesem Fall.

Sosehr ich die Präriehörnchen auch um ihre Heimat beneide: Sollte ich in meinem nächsten Leben im Land der Schwarzfuß als kleiner Gopher wiedergeboren werden, würde ich freiwillig in den nächsten Zoo auswandern. In der freien Wildbahn verbreiten nicht nur Typen wie Larry unter den Hörnchen Angst und Schrecken, sondern auch Pumas, Füchse, Greifvögel und Kojoten. Und ein paar Meilen weiter östlich warten die Klapperschlangen.

Auch für Kinder, die gerade ein Luftgewehr halten können, sind Präriehörnchen ein willkommenes Ziel. Wer ein großer Jäger werden will, der kann nicht früh genug damit anfangen, erste Erfahrungen zu sammeln. Das galt auch für mich: learning by doing. Und je mehr Zeit ich damit verbrachte, wie die Schlange vor dem Nest zu hocken, ohne einen einzigen Schuss abgefeuert zu haben, desto größer war mein Verdacht, dass die Artgenossen meiner auserwählten Beute ihr irgendwie den Hinweis gegeben haben mussten, dass nun ein weiterer Gopher-Killer unterwegs war. Mir war nicht entgangen, dass ich schon seit einigen Minuten beobachtet wurde. Etwa zehn Meter weiter links saßen ein halbes Dutzend schrill fiepender Hörnchen im Gras und starrten mich an – eine Provokation! Es juckte mich in den Fingern, und ich überlegte, ob mir auch aus dieser Entfernung ein Treffer gelingen würde. Während eines Feldbogen-Turniers war mir ein ähnlicher Schuss auf einen Hartgummi-Dachs schon einmal geglückt.

Okay! Sie hatten es nicht anders gewollt. Wenn sich mein Hörnchen nicht gleich blicken ließe, würde ich es probieren.

Und während ich die Verräter aus dem Augenwinkel beobachtete, bemerkte ich, wie auf der anderen Seite plötzlich ein weiterer Späher aus seinem Bau lugte. Das war die Chance.

Langsam zog ich den Pfeil mit der Sehne meines Bogens, der eine Zugkraft von 50 Pfund hatte, bis an die Wange, drehte mich blitzschnell in Richtung meines neuen Ziels und ließ meine selbstgebastelte Mini-Missile mit einem Tempo von mehreren 100 Stundenkilometern ihrer Bestimmung entgegenzischen. Aber auch ein Hörnchen ist schnell, sogar ziemlich schnell. Ein kurzes Fiepen – und weg war es, zurück in seinem Bau.

Wäre dieses kleine Spitzohr doch nur sitzen geblieben! Der Schuss war perfekt. Doch anstatt dem Gopher-Himmel einen weiteren Bewohner zu schicken, streifte mein Geschoss die Kante eines Steins, schnellte nach oben und setzte seinen Flug fort, ohne nennenswert an Geschwindigkeit zu verlieren – allerdings mit einem Richtungswechsel von etwa 25 Grad.

Früh übt sich

«Fuck», fluchte ich und erinnerte mich plötzlich daran, dass Marion vorhin noch hinter einer kleinen Anhöhe im Gras gesessen hatte. Ungefähr dort, wohin der Pfeil jetzt unterwegs war, mit der Jagdspitze voraus.

«Marion, Marion!», schrie ich, um sie warnen. Aber zum Weglaufen war keine Zeit mehr. Sollte ich sie auffordern, nach links oder rechts zu hechten? Ich konnte sie ja noch nicht einmal sehen. Vielleicht würde ich sie damit erst recht in die Schussbahn treiben. Wie von der Tarantel gestochen sprang ich auf und nahm die Beine in die Hand. Es waren circa 25 Meter bis zu der Stelle, an der ich Marion vermutete, und wie es aussah, war der Pfeil mittlerweile auch genau dort gelandet.

«Marion!»

Wieder keine Reaktion.

In Westernfilmen fallen die tödlich verwundeten Blauröcke immer mit einem lauten Schrei vom Pferd. Würde im Rücken meiner Liebsten jetzt ein Pfeil stecken, hätte ich doch irgendetwas hören müssen. Doch von einem Kriegsveteranen hatte ich auch erfahren, dass die meisten Soldaten auf dem Schlacht-

157

feld einfach umfielen, ohne irgendein Geräusch von sich zu geben.

Getrieben von Horrorvisionen, strapazierte ich meine Raucherlunge und hechelte ein Stoßgebet: «Oh, lieber Gott, wenn es dich gibt, dann mach bitte, dass nichts passiert ist.»

In der letzten Zeit hatten wir uns zwar immer häufiger angezickt und auch schon über eine mögliche Trennung gesprochen, aber so sollte es wirklich nicht zu Ende gehen.

Während ich noch auf die Anhöhe zurannte, baute ich darauf, dass sich Marion inzwischen ein anderes Plätzchen gesucht hatte. Und als ich schließlich sehen konnte, wie sie regungslos mit dem Bauch auf einer Decke lag, befürchtete ich das Schlimmste. Noch sieben Schritte, dann hätte ich Gewissheit darüber, ob ich mich meiner Abenteuerlust wegen für immer und ewig verfluchen würde.

«Marion! Alles klar?», schnappte ich nach Luft und legte meine Hand vorsichtig auf ihre nackte Schulter. Ihre Atmung war regelmäßig, und ihr Rücken war knallrot, doch zum Glück war das kein Blut.

«Aua, das tut weh», grummelte sie im Halbschlaf, während mir das Herz immer noch bis zum Hals schlug.

«Ramon, was ist denn los?»

«Äh, nichts, nichts weiter», stammelte ich. «Wollte dir nur sagen, dass du dich besser in den Schatten legen solltest. Ich glaube, du hast 'n Sonnenbrand!»

«Ja, genauso fühlt es sich auch an.»

Ich gab ihr einen Kuss, stand auf, um ihr ein kühlendes Gel aus unserer SOS-Tasche zu holen, und bedankte mich entgegen meinen sonstigen Gewohnheiten bei den Schutzengeln. Vielleicht ist da oben ja doch jemand, der auf uns aufpasst.

In diesem Moment war ich Marion so nah wie lange nicht mehr. Dennoch sollten wir bald getrennte Wege gehen: ich, der «Indianer in spe», und seine vernachlässigte Freizeit-Squaw.

Der Pfeil, der unsere Trennung beinahe beschleunigt hätte, war nur zwei Meter neben ihr aufgekommen und hatte sich tief in die Erde gebohrt. Nur eine winzige Abweichung, ein halbes Grad nur, und Marion hätte nie erfahren, warum ich an diesem einen Abend im Juli 1994 so außergewöhnlich nett zu ihr war. Vom Jagen hatte ich vorerst genug – zumindest so lange, bis sich meine bessere Hälfte an die Fährte eines Wikingerfreaks hängte.

Einen Sommer später, zurück auf der Reservation, wollte ich das zu Ende bringen, was ich begonnen hatte. Meinen reisetauglichen Jagdbogen hatte ich erneut unbemerkt ins Land schmuggeln können. Die langen Bogenarme ließen sich vom Griff abschrauben und zollkompatibel im Rucksack verstauen. Und nachdem ich den Bogen wieder zusammengebaut und mit heiligem Süßgrasrauch bestrichen hatte (das macht man auch mit Waffen so), hockte ich wieder in meinem alten Jagdrevier. Sicherheitshalber hatte ich mir dieses Mal einen Platz ausgesucht, von dem ich die nähere Umgebung genau überblicken konnte. Hier, ein bisschen näher an der Straße, waren in der Prärie nicht weniger Erdhörnchenlöcher als vor Larrys Haus. Im Gegensatz zum vorangegangenen Jahr herrschten in diesen ersten Junitagen geradezu tropische Temperaturen. Es waren bestimmt 35 Grad, und unter meinem Lederhemd staute sich das Aroma eines Mannes, der genau wusste, was er wollte: ein Hörnchen, ein einziges Hörnchen nur. Und da Präriehörnchen eine feine Nase haben, kontrollierte ich regelmäßig mit einem angefeuchteten Finger die Windrichtung.

Um mein auserwähltes Abendessen schnell aus seinem Bau herauszulocken, hatte ich mich eines alten Jägertricks bedient. Und tatsächlich: Nach nur wenigen Minuten streckte es seinen langen Hals über die Grasnarbe und schnupperte an dem mit Wasser gefüllten Marmeladenglasdeckel. Jetzt war es so weit: Feuer frei! Aus diesem und keinem anderen Grund hatte ich mich ja auf die Lauer gelegt. Als ich über die Pfeilspitze den Hinterkopf des Hörnchens anvisierte, hatte ich für einen Moment Skrupel – aber mein Jäger-Gen war stärker.

Was dann folgte, würde das Herz eines jeden Splatterfans höherschlagen lassen. Innerhalb einer Zehntelsekunde durchschnitt der Pfeil die Luft und drang in den zierlichen Körper des unachtsamen Hörnchens ein, als wäre es aus Butter – und mich durchfuhr ein Adrenalinstoß: Treffer!

Doch der Kick sollte nicht lange anhalten. Ich ließ den Bogen auf die Erde fallen, machte fünf schnelle Schritte nach vorn und stellte mit Erschrecken fest, dass das Hörnchen noch lebte. Und wie! Es zappelte, als hätte es einen epileptischen Anfall, fiepte in den höchsten Tönen und versuchte wegzulaufen. Keine Chance.

Der Pfeil hatte sich durch den Nacken gebohrt und seinen Körper am Boden festgenagelt – direkt neben dem Eingang des Baus. Der hellbraune Pelz war von oben bis unten mit Blut beschmiert. Vermutlich war die Hauptschlagader durchtrennt. Unglaublich! Der Überlebenswille dieses kleinen Hörnchens war größer als der Schaden, den meine Jagdspitze angerichtet hatte.

Ich weiß nicht, was ich in diesem Augenblick fühlte. Wahrscheinlich gar nichts. Das war nicht der Moment für Emotionen – ich musste eine Entscheidung treffen. Ich konnte das Tier doch nicht einfach so liegenlassen und zuschauen, wie es sich quälte. Als Hobbyangler hatte ich unten am Fluss schon einigen Forellen einen gezielten Genickschlag verpasst, und auch jetzt blieb mir nichts anderes übrig, als sofort zu handeln. Mit der rechten Hand griff ich nach dem kämpfenden Hörnchen, das mit seinen langen Krallen wild um sich schlug und mit den Zähnen in meinen Lederhandschuh biss. Egal. Ich musste zupacken und es einfach festhalten, auch wenn es wehtat. Ich drückte das Tier bäuchlings auf den Boden, holte aus und schlug mit der stumpfen Seite meines Messers zu. Ein einziger Hieb genügte – und auf einmal war alles still. Für einen kurzen Moment kam es mir vor, als sei überhaupt nichts passiert. In der Ferne rauschte das Wasser des Cut Bank Creek, und auf den Gipfeln der Berge lag immer noch Schnee. Ein Falke zog am Himmel seine Kreise, und auf der Landstraße fuhr mal wieder ein Wohnmobil Richtung Glacier Park.

Ich nahm meine Hand von dem leblosen Körper und starrte wie paralysiert auf die Innenseite meines blutverschmierten Handschuhs. Und als ich mit einem Büschel Grashalmen versuchte, ihn zu säubern, überrollten mich die angestauten Gefühle wie ein Tsunami.

Das Hörnchen war tot. Und ich war schuld daran.

Wie ist es wohl, wenn man auf ein größeres Tier schießt? Stirbt das auch nicht sofort, selbst bei einem sogenannten perfect shot? Eine Gewehrkugel hat nicht einmal einen Durchmesser von einem Zentimeter, und im besten Fall stirbt es sofort an einem Schock. Wie muss es wohl damals auf den Büffeljagden zugegangen sein? Mit Pfeil und Bogen oder einer Lanze, vom Rücken eines galoppierenden Pferdes, ein gezielter Wurf hinter das Schulterblatt, direkt ins Herz – so wie in «Der mit dem Wolf tanzt»!?

Fragen über Fragen und nicht eine Antwort.

Und da saß ich nun wie ein begossener Pudel in der endlosen Prärie. Ich, der inkonsequenteste Nichtvegetarier, den es gibt, und niemand war da, dem ich mit meinem Selbstmitleid auf die Nerven gehen konnte – armer schwarzer Kramer!

Und wahrscheinlich würde ich noch heute mit einem schlechten Gewissen dahocken, wenn mich nicht ein paar Minuten später Larrys Truck aus meiner Beim-ersten-Mal-tut's-noch-weh-Depression geholt hätte.

«Hey Larry, have a look. I got one!», rief ich und wunderte mich selbst über meinen plötzlichen Stimmungsumschwung. Aber wer ein richtiger Mann ist, der ist eben auch ein Jäger und lässt sich nichts anmerken. Und so präsentierte ich nun voller Stolz meine selbsterlegte Beute, in der immer noch der Pfeil steckte. «Pretty good shot, Raymon. You are a real Indian!», sagte er anerkennend, um mir im gleichen Atemzug zu unterstellen, dass ich den Pfeil gar nicht abgeschossen, sondern nur in ein totes Hörnchen gesteckt hätte. «You are a trickster, Raymon. But this gopher is one of those I've killed already!»

«No. I did it. Really!», widersprach ich heftig, ohne zu merken, dass ich wieder einmal dem typischen Blackfeet-Humor auf den Leim gegangen war. Nur keine Pointe auslassen. Larry lachte sich schlapp, und auch seine Frau, die noch im Auto saß, konnte sich ein Grinsen nicht verkneifen.

21 … 22 … plopp! Jetzt hatte auch ich es begriffen. Und während wir noch darüber fachsimpelten, wie man das Hörnchen am besten zubereiten könnte – english, well done, paniert oder gekocht –, sprang auf einmal Larrys Hund von der Ladefläche des Trucks, schnappte sich mein leckeres Abendessen (inklusive des Pfeils) und rannte davon; ich hinterher. Eine Szene wie in einem Slapstick-Film: gopher killer Raymon is hunting a dog now!

Jetzt konnte sich Larry vor Lachen kaum noch halten.

«Hey, pfeif ihn zurück!», schrie ich, während der Dieb mit meiner Beute unter der Veranda des Hauses verschwand. «Dein Hund muss doch auf dich hören. Das ist doch 'n Jagdhund!»

«Jaaaa, schon. Aber dieser Hund macht, was er will. Das hat er schon immer getan, du siehst es ja!»

So hilfsbereit Larry sonst auch war, in diesem Moment zog er es vor, sich bestens zu amüsieren.

Verdammt, ich war für dieses Hörnchen durch die Hölle gegangen, und nun landete es im Rachen eines blutgierigen Köters, der vor nichts und niemandem Respekt hatte! Aber immerhin wusste ich jetzt, warum Larry seinem ungezogenen Hund

einen so eigenwilligen Namen gegeben hatte: The Stomach, Der Magen.

Ich liebe Hunde. Sie sind die besten Freunde; Ausnahmen bestätigen die Regel. Und als ich mir nach einer durchwachten Nacht, in der ich über den Sinn und Unsinn einer Präriehörnchenjagd gegrübelt hatte, erneut meinen Bogen schnappte, weil ich es ja noch immer nicht ganz zu Ende gebracht hatte, lockte ich Larrys Hund mit einer leckeren Salami in mein Auto und sperrte ihn ein. Sein Besitzer würde ihn bestimmt nicht vermissen; der Hund machte ja eh, was er wollte.

Eine Stunde später ließ ich ihn wieder raus, und noch am selben Abend saßen wir Seite an Seite an einem gemütlichen Lagerfeuer. Ich knabberte an den Resten eines mageren Präriehörnchens, und auch The Stomach leckte sich die Schnauze. Ein Tierliebhaber wie ich kann einem traurigen Hundeblick nicht widerstehen.

Angesichts möglicher Viren und Bakterien, die sich auf den Menschen übertragen, hatte ich mich bei der Zubereitung meiner Mahlzeit entschieden, kein Risiko einzugehen. Hämorrhagisches Fieber oder Tollwut, Tularämie oder Hörnchen-BSE – man weiß ja nie.

Ich würde zwar nicht so weit gehen, ein gut durchgekochtes Hörnchen eine Delikatesse zu nennen, aber alles in allem war es gar nicht so schlecht. Mit einer Prise Salz, etwas Pfeffer und reichlich Barbecuesauce erinnerte es ein bisschen an einen Chicken Wing – nicht nur des Geschmacks wegen.

Die Innereien hatte ich, wie meiner Beute versprochen, als Opfergabe in die Prärie gelegt, was sowohl ein paar Ameisen als auch The Stomach freudig zur Kenntnis nahmen. Aus Respekt vor dem Tier hatte ich mit Zeige- und Mittelfinger etwas Blut aus seiner Wunde gedippt und damit meine Lippen benetzt. Es ging ja um das Prinzip und nicht um die Menge. Und weil mir einfach danach war, zog ich mir mit den blutigen Fingerkuppen zwei rote Streifen quer über die Stirn.

Das Fell des Hörnchens hatte ich mit Hilfe eines Teppich-Cutters abgezogen, weil mein sogenanntes Skinmesser nicht scharf genug war. Einschließlich des Gerbens hatte allein diese Aktion über zwei Stunden in Anspruch genommen. Eine weitere kam hinzu, als ich das Fell auf einem Rahmen aus zwei zusammengebundenen Hölzern zum Trocknen aufspannte.

So hatte man das früher schließlich auch mit der Haut eines Büffels gemacht.

Die Knochen warf ich später in den Fluss, damit auch die Fische etwas hatten. Als Angelhaken oder Pfeilspitzen waren sie nicht zu gebrauchen.

Ob nun aus Gewissensgründen oder aus Bequemlichkeit: Wäre ich gezwungen, meine tägliche Mahlzeit selbst zu erlegen, ich würde deutlich weniger Fleisch essen. Doch solange es in meinem Imbiss an der Ecke ein halbes Hähnchen für nur 2 Euro 90 gibt, ist es mit dem Tieressen wie mit dem Rauchen – einfach verdammt schwer, damit aufzuhören.

Aber ab dem nächsten Neujahrstag, das habe ich mir ganz fest vorgenommen, werde ich es noch einmal versuchen. Das bin ich nicht nur den beiden Hörnchen schuldig, die ich im Sommer 1995 ins Jenseits befördert habe.

Nine Miles West
of Browning

Im Jahr 1996 verbrachte ich bereits meinen vierten Sommer bei den Blackfeet. Ich kannte inzwischen eine Menge Leute und wurde häufiger zu Zeremonien eingeladen. Ich wohnte mal hier und mal da und fühlte mich schon lange nicht mehr als Fremder. Das ist das Schöne auf dem Land: Jeder kennt jeden, und als Freund des Hauses wird man gern herumgereicht. Doch je tiefer ich in den Alltag der Schwarzfuß eintauchte, desto häufiger hatte ich das Gefühl, zwischen irgendwelche Fronten geraten zu können. Auf der Reservation weiß jeder alles über den anderen, und es verging so gut wie kein Tag, an dem ich nicht exklusiv in irgendetwas ganz Wichtiges eingeweiht wurde. So hätte der Opa von Mister X seine heilige Pfeife verkauft und damit ein Sakrileg begangen. Mister Y sei in Wirklichkeit gar kein richtiger Blackfeet, der sei nur ein zugereister Hobbyist. Und last but not least hätte Mister Z schon mal überhaupt keine Ahnung, weil er ja nicht mal seine eigene Sprache sprechen könne.

«Oh, I didn't know that. I am just a tourist!», versuchte ich mich aus allem herauszuhalten, was nur annähernd nach einer Clan-Fehde roch. Aber ein freundlicher Zuhörer ist eben auch eine große Verlockung, und so holte mich das Getratsche immer wieder ein.

Als ich mir eines Nachmittags nicht mehr zu helfen wusste, entschied ich mich, ein paar Tage Urlaub vom Urlaub zu nehmen und mir eine neutrale Zone zu suchen. Ich hätte mir auch ein Pferd organisieren und allein in die Berge reiten können, aber das Einsiedlerleben ist nicht mein Ding. So packte ich meine Siebensachen und fuhr zu Pat.

Pat zählte zu den wenigen weißen Amerikanern, die sich im Land der Schwarzfuß niedergelassen hatten. Die meisten waren Hippies oder Exhippies – Aussteigertypen, die sich ein neues Leben aufbauen wollten. Einige von ihnen waren ziemlich durchgeknallt. Der liebenswerte Jim zum Beispiel, der nach einer überstandenen UFO-Entführung kaum noch sein Haus verließ und seitdem nur noch ein Thema kannte: die Notwendigkeit einer Welt, in der es keine Grenzen mehr und nur noch eine einzige Nation gibt – die Vereinigten Staaten der Erdmenschen. Oder auch der Typ, den man nur nachts an der Rezeption des maroden Glacier Motels sah: der perfekte Norman Bates in einem «Psycho»-Remake von Quentin Tarantino – Gesichtstattoo, Nasenring, Fahrradkette um den Hals. Niemand wusste, woher er kam, niemand wusste, wie er hieß.

Pat war in den achtziger Jahren aus Billings, Montana, zu den Blackfeet gekommen und hatte kurze Zeit später das «Nine Mile Inn» eröffnet – ein gemütliches Bed 'n' Breakfast mit einem Restaurant und einem angeschlossenen Campingplatz am Highway 89. Bereits seit meiner ersten Reise mit Marion und Peter war das «Nine Mile» für mich ein schönes Ausflugsziel: nette Leute, gute Küche. Im vergangenen Jahr hatten Pat und ich uns mit den üblichen Abschiedsfloskeln verabschiedet: Ich schreibe dir, du schreibst mir. Und wer hätte das gedacht: Ein paar Monate später lag tatsächlich eine Happy-Birthday-Karte im meinem Hamburger Briefkasten: «Komm bald wieder, deine Pat!»

Kaum hatte ich nun meinen Mietwagen auf dem Parkplatz des «Nine Mile» abgestellt, kam sie mir auch schon entgegen. «Hey, good to see you», herzte sie mich mit ihren rund 100 Kilo und drückte mich so fest an ihren Busen, dass mir nichts anderes übrigblieb, als mich sofort zu Hause zu fühlen. Sie nahm meine Hand, zog mich hinter sich her und stellte mich sofort

ihren Gästen vor: Buster Yellow Kidney, zu Lebzeiten einer der führenden «Spiritual leaders» des Stammes und Chief Earl Old Person, das politische Oberhaupt der Blackfeet-Nation. Und diese beiden sollten nicht die letzten Persönlichkeiten sein, die ich über Pat kennenlernen durfte.

Nachdem ich am Tag meiner Ankunft bereits zehn verschiedene Hände geschüttelt hatte, versuchte Pat mich nun als musikalischen Superhelden zu verkaufen.

«Wenn jemand eine große Komposition für ein episches Western-Drama schreiben kann», sagte sie zu den beiden junggebliebenen Forties, die bis eben noch ihren Feierabend genossen hatten, «dann ist es mein Freund Raymon!»

Wie! Ich, eine Musik für einen Hollywoodfilm?

Pat hatte mir zwar erzählt, dass sie mit Howard und Eric zwei VIPs aus der Filmbranche zu Gast hätte, die bestimmt interessant für mich seien. Doch dass sie auf diese Art und Weise versuchen würde, mir einen Job zu verschaffen, darauf war ich nicht vorbereitet. Aber gut, so oft trifft man solche Leute nicht. Ich könnte es ja mal versuchen. Selbst ein Mann wie Hans Zimmer hat irgendwann mal Klinken geputzt.

Ich trat einen Schritt nach vorn, guckte so professionell wie möglich und eröffnete ganz lässig das Gespräch: «Howdie, partners, what's goin' on in good ol' Hollywood?»

Dabei überlegte ich mir, ob die beiden wohl vorgedruckte Verträge in ihren Zimmern liegen hätten.

Pat stand hinter mir, und so wie ich sie einschätzte, hielt sie den Kugelschreiber bereits in der Hand.

«Oh, thanks!», antwortete Howard. «Everything is fine. And how is it hangin', cowboy?»

«How is it hangin'» ist eine etwas andere Formulierung für «Wie geht's dir», die aber nur dann verwendet wird, wenn man sicher ist, dass der Gesprächspartner männlich und bereits geschlechtsreif ist und eine sichtbare Neigung zum Cowboytum hat. Okay, dachte ich mir, mein grauer Hut und das karierte Flanellhemd können wohl auch zu Missverständnissen führen. Ich nahm es mit Humor und antwortete: «Oh yeah man, it hangs pretty good, don't worry about that!»

Der Anfang war gemacht.

In Anbetracht dessen, dass es hier um knallhartes Business ging, war die Atmosphäre jetzt so richtig locker – der richtige Augenblick, mir von Pat einen Stuhl unter den Hintern schieben zu lassen und meine gesammelten Asse als Musikproduzent auf den Tisch zu legen.

«Oh, that's really interesting», kommentierte Howard meine Heldentaten. Und da er für alles ein offenes Ohr zu haben schien, erzählte ich ihm gleich noch die traurige Geschichte meiner gescheiterten Liedermacher-Karriere.

«Okay, Raymon», fasste Howard meinen zehnminütigen Monolog zusammen: «Wenn ich Sie richtig verstanden habe, dann leben Sie heute – auch wenn es Ihnen keine künstlerische Befriedigung verschafft – hauptsächlich davon, Musik für 30-sekündige Werbespots zu produzieren, und das Einzige, was Sie seelisch über Wasser hält, sind die Kompositionen für anspruchsvolle Filmdokumentationen. Kennt man was davon?»

«Hmmm, nun ja!», ruderte ich etwas zurück und erklärte, dass diese Filme zwar alle im Fernsehen gelaufen seien, aber leider nicht mit meiner Musik.

Als ambitionierter Filmkomponist, der noch nie einen Soundtrack hatte schreiben dürfen, der länger als 30 Sekunden ist, hatte ich die Strategie entwickelt, TV-Dokus auf Video aufzunehmen, die guten Passagen nachzuvertonen und diese an die Redakteure zu verschicken. Daraus hatten sich auch tatsächlich ein paar erste Gespräche ergeben.

«Howard, du wirst es nicht glauben», war ich jetzt wieder voll auf Kurs, «ich bin da zurzeit an einer ganz heißen Sache dran. Aber ich kann noch nicht so viel darüber sagen. Sie kennen das ja: top secret. Meine Musikproduktion ist in der engeren Auswahl, eine große Orchestermusik zu schreiben, für einen 45-minütigen Tierfilm von Arte!»

«Aaahh!», horchte er auf, und es klang so, als wäre Arte auch für ihn etwas ganz Besonderes. «Arte! I see. I never heard about it. But I'm sure, it must be a real big TV channel.»

«Ya, Howard, that's right. It is … in a way.»

Dafür, dass die beiden es nicht unbedingt nötig gehabt hätten, sich mit mir zu unterhalten, hatten sie sich ganz schön viel Zeit für mich genommen. Sie waren echt interessiert, und Howard konnte es kaum erwarten, meine Visitenkarte zu bekommen: Man wisse ja nie genau, ob nicht vielleicht morgen oder übermorgen oder wann auch immer … Und dann hätte man im Fall des Falles ja schon mal meine Telefonnummer. «Don't call me. I call you. It was really exciting to meet you. Bye, bye!»

Ein paar Tage später sollte sich herausstellen, dass Howard

und Eric zu einer Crew von Location-Scouts gehörten. Die wichtigen Entscheidungsträger durften die beiden nicht einmal aus der Ferne sehen.

So sind sie halt, diese Wannabees aus Hollywood – viel Rauch um nichts. Meine Freundin Pat ist da ganz anders; sie trägt ihr Herz auf der Zunge.

Wie versprochen gab sie mir ihren zweiten Haustürschlüssel, und ich richtete mich im Gästezimmer ihres wunderschönen Holzhauses ein, das am Ufer eines Biberteichs stand, märchenhafter Blick auf die Rocky Mountains inklusive.

Vom Alter her hätte Pat fast meine Mutter sein können. Und manchmal hatte ich tatsächlich den Eindruck, dass sie in mir so etwas wie einen Sohn sah, zumal die Ehe mit ihrem verstorbenen Mann kinderlos geblieben war. Sie ließ mich nie aus den Augen und achtete stets darauf, dass ich mich wohl fühlte. Ich brauchte nur einmal zu niesen, und schon stand ein Glas Wasser mit einem Aspirin vor meiner Nase.

Als wir am späten Abend auf ihrer Veranda saßen – gemeinsam unter einer Decke in der Hollywoodschaukel –, hätte man uns allerdings auch mit einem Rentnerpärchen verwechseln können. In dicken Strümpfen und Pantoffeln genossen wir die Aussicht und erzählten uns bei Rotwein und Diät-Joghurt Geschichten von gestern: ich von den Zeiten, als ich noch jungen Sozialpädagogik-Studentinnen mit Lagerfeuersongs erfolgreich das Herz brechen konnte, und Pat von Livekonzerten der Doors, bewusstseinserweiternden Substanzen und Vietnam-Demonstrationen vor dem Weißen Haus. Ich war begeistert. Es war, als säße ich mitten in der perfekten Welt einer Margarine-Werbung von Oliver Stone.

Pat hatte diesen Abend sicherlich auch genossen, doch das Leben bei den Schwarzfuß war für sie schon lange nicht mehr das, was es einmal gewesen war. Seit Jahren versuchte sie,

ihr Haus und das «Nine Mile» zu verkaufen, um nach Südkalifornien zu ziehen. Sie litt unter starkem Asthma, und auf dieser kleinen Insel vor San Diego würde ihr das milde Klima sehr, sehr gut tun. Ihren Mann hatte sie vor zwei Jahren auf der Reservation begraben, und seitdem war es für sie immer anstrengender geworden, den Laden am Laufen zu halten.

Als Weiße, die einen Betrieb auf Blackfeet-Land führe, erzählte sie, brauche man nicht nur regelmäßig Sondergenehmigungen des Stammes, man erhalte auch die Auflage, indianisches Personal einzustellen – nachvollziehbar angesichts der hohen Arbeitslosenquote. Andererseits fragte ich mich, was ich wohl davon halten würde, wenn der Geschäftsführer meiner Lieblings-Pizzeria nur noch gebürtige Deutsche beschäftigen dürfte. Anyway. Pat ging es um etwas anderes, und sie erklärte, dass es nicht ganz leicht sei, auf der Reservation zuverlässige Mitarbeiter zu finden. In der Hochsaison sei das «Nine Mile» häufig ein 24-Stunden-Job, und wenn sie das Restaurant pünktlich um 6.30 Uhr zum Frühstück öffne, stehe sie nicht selten alleine da. Manchmal verspäteten sich ihre Arbeitskräfte nur um eine Viertelstunde, manchmal kamen sie erst zur Mittagszeit und manchmal überhaupt nicht.

«Na ja, so ist das halt», zucke sie schmunzelnd mit den Schultern und nannte die Ursache beim Namen: Indian Time! Die äußerst individuelle Auslegung der Blackfeet bezüglich des Begriffs Zeit – im Allgemeinen und im Speziellen – sei für sie immer noch gewöhnungsbedürftig. Umso mehr freute sie sich jetzt darüber, dass sie kürzlich einen Mitarbeiter gefunden hatte, für den Pünktlichkeit kein Fremdwort war. Michael Little Elk, genannt Mike, wäre nicht nur ein guter Typ, er sei auch ein exzellenter Koch, schwärmte sie.

Als Sohn eines Medizinmannes sei er sehr traditionell aufgewachsen und habe einen Weg gefunden, sich mit beiden Welten zu arrangieren.

Als ich mir am nächsten Tag auf der Wiese vor dem Restaurant ein entspannendes Sonnenbad genehmigte, bekam ich einen Eindruck davon, was Pat mit den zwei Welten ihres Kochs gemeint haben könnte.

Nachdem mir Mike ein formidables American Breakfast serviert hatte, saß er jetzt mit einer indianischen Flöte auf der Veranda des Restaurants und gestaltete seine Mittagspause mit Hausmusik.

Der Sound einer Native American Flute – nicht zu verwechseln mit dem einer Panflöte – kann wirklich sehr schön sein, geradezu meditativ. Aber in diesem Augenblick erinnerte ihr Klang eher an die gefürchtete Blockflöte meiner alten Grundschullehrerin Frau Steinebach. Ich nahm einen Schluck von meiner

Zitronenlimo, ließ den lieben Gott einen guten Mann sein und dachte daran, wie es wohl für Marion gewesen sein musste, als ich mir noch Knoten in die Finger geübt hatte, um meiner eigenen Indianerflöte endlich einen schönen Ton zu entlocken.

Als ich später mit Pat vor dem Kamin saß und wir den Tag Revue passieren ließen, packte sie mich bei meinem Ehrgeiz als Musikproduzent und bat mich darum, für das «Nine Mile» einen Radiospot zu entwickeln – mit indianisch klingenden Sounds und allem, was dazugehört. Ich wäre ja ein alter Hase.

«Alles klar, Pat, mache ich. Ist doch selbstverständlich!»

Mit meinem damaligen Produktionspartner hatte ich mir zu dieser Zeit bereits eine ansehnliche Referenzliste erarbeitet. Ohne die Werbekompositionen für Nivea, Mercedes Benz oder Batida de Coco hätte ich mir die Reisen nach Montana gar nicht leisten können. Aber jetzt war ich zum ersten Mal nicht nur als Musikproduzent gefragt, sondern auch als Instrumentalist, Texter und Sprecher in Personalunion – ausgerechnet für einen Spot, der im Mutterland des Entertainments laufen sollte. Genau genommen in Montana, und das eigentlich auch nur im Sendebereich eines einzigen Radiosenders. Leider kann ich mich nicht mehr an den Namen dieses Senders erinnern. Aber ich weiß noch, dass es damals der einzige war, den man halbwegs rauschfrei auch auf der Reservation empfangen konnte. Da er seinen Sitz in Great Falls hatte – 130 Meilen östlich von Browning –, nenne ich ihn jetzt einfach «GFBR One Point Three Zero».

Ein paar Tage nach Pats «Auftrag» saß ich also mit ihr im Flur von GFBR und wartete auf den Beginn der Aufnahme-Session – in der einen Hand meine indianische Flöte und in der anderen einen Zettel mit dem Werbekonzept.

«He'll come pretty soon», bat uns eine Sekretärin um etwas Geduld und servierte Pat und mir Kaffee und Kekse. Ich ging meinen Text noch einmal durch, und dann kam er auch schon:

Clive Thomson, seines Zeichens Moderator, Redakteur und Radioproducer, ein echter amerikanischer Medienmann. Clive, Mitte 50, hatte eine Halbglatze und Raucherteint, trug Flickenjeans, Latschen ohne Strümpfe und einen dicken Bauch unter einem etwas zu knappen T-Shirt. Aber seine Stimme musste jede Frau in die Knie zwingen. «Hi. Long time, no see», begrüßte er Pat, als hätten die beiden früher mal ein Verhältnis gehabt. «Und du bist bestimmt Raymon. Schön, dich kennenzulernen. Ich habe schon viel von dir gehört!»

Ohne eine Miene zu verziehen, drückte er mir die Hand wie ein kanadischer Holzfäller, und irgendwie wurde ich das Gefühl nicht los, dass er mich abcheckte. Von Pat wusste ich, dass Clive nicht nur ein erfolgreicher Radio-Mann war, sondern auch ein Blackfeet, der irgendwann von Browning nach Great Falls emigriert sei. «Hier in der Stadt ist einfach mehr los», erklärte er später. Und seine Aufforderung, sofort loszulegen, machte mir klar, worin sich Clive von den meisten Indianern, die ich bisher kennengelernt hatte, unterschied: «Come on, let's go. Time is money!»

Er führte uns in einen kleinen Raum, der sowohl Büro als auch Studio war.

An den schallisolierten Wänden hingen neben den aktuellen Country Charts Poster von Musikern, die indianische Wurzeln hatten: Cher, Robbie Robertson, Jimi Hendrix. Der Fußboden war mit Papieren, CDs und alten Vinylplatten übersät. Auf einem Rahmengestell für Effektgeräte, einem sogenannten Rack, stand ein mir nicht bekanntes Mischpult und auf einem Schreibtisch ein kurzer Mikrophonständer mit einem edlen Neumann U-87. Daneben ein Computer von Apple und davor ein Erdbeershake von Burger King. Clive nahm einen Schluck, drehte schnell an ein paar Knöpfen und schob mir dann das Mikrophon vor die Nase. Und kaum hatte ich den Kopfhörer aufgesetzt, schwebte sein Zeigefinger auch schon über der blinkenden Record-Taste seiner Tonbandmaschine.

«Äh, Moment mal», bat ich um etwas Geduld. «Ich würde mich gern ein bisschen warmspielen. Und, Clive, musst du den Sound nicht erst einmal einstellen?»

«Oh Raymon, I'm sure, the sound is great. Fang einfach an!»

Das Schwierigste im Umgang mit einer sensiblen Holzflöte ist die kontrollierte Atmung. Meine erste Native American Flute hatte ich 1993 in der Blackfeet Trading Post gekauft, und nach Jahren des täglichen Übens war ich mittlerweile immerhin so weit, dass ich die Löcher richtig zuhalten konnte – zumindest meistens. Von den langsamen Vibrati eines Carlos Nakai, der zu den besten indianischen Flötisten zählt, bin ich noch heute meilenweit entfernt. Das Problem mit dem Lampenfieber hatte ich damals allerdings noch viel weniger im Griff.

Ich sortierte meine Finger, holte zweimal tief Luft und begann mit dem tiefsten Ton, den ich zur Verfügung hatte. Mit einem langen tiefen Ton einzusteigen ist immer gut – das sorgt für Spannung. In diesem Fall war es der Ton E. Die Komposition, die ich mir ausgedacht hatte, war weniger eine Melodie, die man sofort mitsingen kann – das war mir zu platt. Vielmehr bestand sie aus einer zufälligen Aneinanderreihung von atmosphärisch gehauchten Tönen um die kleine Terz herum. Das bedeutete eine weitere Kramer-Komposition in Moll (Dur ist Scheiße, in Moll steckt die Wahrheit).

Und als ich noch dabei war, mir zu überlegen, ob ich gleich mit einem trickreichen Fill auf einem sanft gegurgelten H oder gleich auf einem sentimentalen G landen sollte, zog Clive plötzlich alle Regler seines Effektgerätes auf Stufe 10. Huuuuuuuuuuh rauschte ein gigantischer Halleffekt durch meinen Kopfhörer und machte aus einem durchschnittlichen Flötenspieler eine Koryphäe, die echt was zu sagen hat.

Mann, was für ein geiler Sound, ganz großes Kino! So ein Lexikon-Hall ist einfach klasse. Das hätte ich auch gern.

Ich schloss die Augen und spielte mich jetzt in einen wahren Rausch; auf einmal befand ich mich nicht mehr in einem Studio in der 16th Avenue South von Great Falls, sondern mitten in den Tälern des Grand Canyon. Pat war nicht mehr Pat, sondern eine einsame alte Navaho-Indianerin, die einen Teppich webt, Clive ein Medizinmann, der um den Erhalt seiner Kultur kämpft, und ich ein schreiender Adler, der mit gebrochenem Herzen an eine Zeit erinnert, in der die Indianer noch keine auf 440 Hertz gestimmten Flöten hatten.

So muss es sich anfühlen, wenn man auf einem Peyote-Trip ist. Und das alles nur wegen eines richtig guten Hallgeräts und eines Tontechnikers, der wusste, worauf es ankommt. Ein Fiepen hier, ein schräger Ton da – egal, Pat fand es gut, und für Clive war es sogar perfekt. Die Frage, ob ich nicht noch einen zweiten, etwas sauberer gespielten Take probieren dürfe, wurde mit der alten Musikerweisheit beantwortet, dass der erste Take sowieso immer der beste sei.

«Das, was du da eben abgeliefert hast, war echt amtlich!», schmierte mir Clive den süßesten Honig um den Bart. «Believe me, Raymon, I know what I'm talking about.» Und dann sagte er diesen einen Satz, den ich gern als Sample gehabt hätte: «Raymon, your sound is really traditional.»

Ein größeres Kompliment konnte ich von einem Indianer nicht bekommen. Ich war unglaublich stolz. Aber als ich genüsslich auf meinem Instrument durch das Studio schwebte, meldete sich in mir ein alter Bekannter, Prof. Dr. Skepsis, der schlimmste Kritiker, den es gibt: «Ramon, solltest du dich nicht fragen, welche Maßstäbe Clive bei seiner Beurteilung deiner Leistung ansetzt? Und weißt du eigentlich, ab welchem Zeitpunkt etwas wirklich traditionell ist?» Volltreffer!

Vor gar nicht allzu langer Zeit, vor höchstens 100 Jahren, hatten Clives Vorfahren als Blasinstrumente ausschließlich Whistles gekannt, mit denen man nur einen einzigen Ton spielen konnte. Die Native American Flute hingegen war, gemessen an der 10 000 Jahre alten Kultur der Blackfeet, quasi eine Neuerscheinung. Aber Clive war nicht nur ein Blackfeet. In seinen Adern floss auch das Blut eines Sioux – und für die Sioux hat die Flöte eine lange Geschichte.

Es heißt, dass vor sehr langer Zeit ein schüchterner Krieger auszog, um einen Weg zu finden, dem hübschesten Mädchen des Dorfes seine Liebe erklären zu können. Nach vier Tagen des Wanderns übergaben ihm die Tiere des Waldes eine aus Zeder gefertigte Flöte, mit der er direkt in ihr Herz sprechen könne. Als er sich auf dem Rückweg seinem Camp näherte und das Mädchen aus der Ferne seine magischen Melodien hörte, ließ sie alles stehen und liegen und ging ihrem zukünftigen Ehemann entgegen.

Für die Sioux war das die Geburtsstunde der Native American Love Flute – so ihr richtiger Name, zumindest wenn es nach Clive geht. Und was den Maßstab seiner Beurteilung meiner Fähigkeiten als Flötenspieler betraf: Auf dem Heimweg mutmaßte Pat, dass Clive schwul sei und ein Auge auf mich geworfen habe. However. Jetzt war es an der Zeit, die «Flöte der Liebe» zur Seite zu legen und meine Sprechstimme zu ölen.

«Clive, gib mir doch bitte die Musik leise in den Kopfhörer, damit ich die Stimmung richtig treffe!»

«Okay, Raymon. Let's go. Music is running!»

Ursprünglich hatte ich ein dreisekundiges Musik-Intro geplant. Doch als ich das nervöse Zittern meines ersten Flötentons hörte, hielt ich es für besser, das Konzept zu ändern. «Oki», startete ich hastig mit dem Blackfeet-Wort für guten Tag.

«Ich bin Raymon aus Deutschland und reise jeden Sommer nach Montana. Ich liebe es, auf der Native American Love Flute zu spielen.»

Den Namen des Instruments hatte ich auf Clives Anraten geändert.

«Und hört ihr Leute, draußen auf den Straßen» – ich hatte jetzt endlich mein Barry-White-Timbre gefunden –, «der Ort, der mich als Musiker am meisten inspiriert, ist auch mein Lieblingsplatz als Tourist: das ‹Nine Mile Inn›, mitten im wunderschönen Land der ehemals mächtigsten Krieger der Prärie.»

Bezüglich der «mächtigsten Krieger» war Clive etwas ambivalent, doch der Werbeeffekt war jetzt wichtiger als das gespaltene Herz eines Blackfeet-Sioux.

«Hier am Highway 89 warten ein romantisches Bed 'n' Breakfast und ein gepflegter Campingplatz auf euch. Also, nicht vergessen: ‹Nine Mile Inn›.»

Bis hierher hatte der Spot bereits eine Länge von über 30 Sekunden, und eine Minute war geplant.

«Wenn ihr auf der Durchreise zum Glacier Park seid, legt eine Pause ein – im ‹Nine Mile Inn›. Probiert die authentische Blackfeet-Küche. Und wenn ihr Glück habt, erzählt euch der Koch Michael Little Elk, der Sohn eines echten Medizinmannes, hinterher eine spannende Indianergeschichte.»

Diese Stelle sollte Mike nur begrenzt gefallen.

«Genießt die Aussicht auf die Rocky Mountains, beobachtet

Biber, Adler und Wildgänse – und manchmal ist am ‹Nine Mile› sogar ein Grizzlybär.»

Ich selbst hatte dort noch nie einen Grizzly gesehen. Aber jeder Tourist, der nach Montana fährt, hofft darauf, einen freilebenden Bären fotografieren zu können.

«So, have a safe trip. I'll see you at the ‹Nine Mile Inn›, nine miles west of Browning – my mooost favourite place!»

Inklusive des verkürzten Flöten-Intros und eines noch kürzeren Fade-Outs dauerte der ganze Spot 75 Sekunden. Aus irgendeinem Grund hatte ich viel langsamer gesprochen als bei den Proben. Aber für Pat war das kein Problem; sie war begeistert und einigte sich mit dem Sender darauf, dass der Spot nicht vier-, sondern nur dreimal am Tag laufen soll. Dreimal, jeden Tag in den nächsten zwei Wochen, meine Stimme im Radio, auf dem einzigen Sender, den man auf der Reservation empfangen konnte! Selbst wenn er nur ein einziges Mal gelaufen wäre – für einen blöden Spruch von Freunden hätte es allemal gereicht. Doch nun sollte ich nicht nur geneckt, sondern in diverse Diskussionen verwickelt werden – und das von Leuten, die ich überhaupt nicht kannte. Ich, der indianerinteressierte Deutsche, der seit Jahren zu den Blackfeet fährt, um sich letztlich ausgerechnet auf dem Land einer weißen Frau niederzulassen, weil es auf der ganzen Reservation ja angeblich keinen Ort gibt, der schöner ist als das «Nine Mile Inn».

Ein paar neue Bekanntschaften später, ich wohnte immer noch bei Pat, fragte mich Mike, ob ich in der Lage sei, für seine kleine Tochter Birdy ein Flötenlied zu schreiben. Ihr erster Geburtstag wäre ein guter Anlass für ein eigenes Lied. «Klar», sagte ich, «kann ich machen!» Und ich präsentierte ihm noch am Nachmittag zwei Melodien: eine tänzelnde in Dur, denn auf dem Foto, das ich gesehen hatte, strahlte Birdy wie ein Honigkuchenpferd, und zur Sicherheit noch eine in Moll.

«Yeah, that sounds Indian», reagierte Mike sofort auf die zweite Version. «Darin erkenne ich meine Kleine wieder.» Scheinbar war sein Baby in Wirklichkeit schwer melancholisch. Mike gab mir ein Branchenbuch, und ich vereinbarte einen Termin mit einem der drei Musikstudios in Great Falls, dem «Natural Sound». Preis: 70 Dollar pro Stunde inklusive zweier Kopien. «Okay. Morgen, 13 Uhr!»

Bei den Blackfeet gibt es eine alte Tradition. Wenn man ein wertvolles Präsent erhält, zeigt man seine Dankbarkeit, indem man etwas zurückgibt, das mindestens einen gleichen, wenn nicht sogar höheren Wert hat. Dabei geht es nicht um Geld, sondern um die Bedeutung: Je mehr man weggibt, desto mehr Freude wird man an dem Geschenk haben, das man erhalten hat. Eine schöne Tradition. Das Dumme ist nur, dass die Blackfeet damit gern ihre Scherze treiben, besonders gern mit Weißen – und ganz besonders gern mit denen, die sich nach einer Welt sehnen, in der nicht nur die Dollars zählen, sondern auch die wirklich wichtigen Werte.

Erst eine Woche zuvor hatte mir Mike für eine halbvolle Schachtel Zigaretten vier wertvolle Kieselsteine geschenkt. Angeblich symbolisierten sie die heiligen vier Winde. Ich konnte es nicht beweisen, aber irgendetwas sagte mir, dass er dieses «great gift», wie er es nannte, kurz zuvor aus seinen Socken geschüttelt hatte. Ich mochte Mike, vielleicht gerade deshalb: Er war ein ausgekochtes Schlitzohr. Aber mit einer derartigen Überraschung wollte ich mich kein weiteres Mal zufriedengeben und hatte ihm deshalb einen Handel vorgeschlagen. «Du bekommst von mir das Lied für deine Tochter auf einer hochwertigen Kassette, und dafür kriege ich ein von dir persönlich aufgeschriebenes Gebet in der Sprache deiner Väter. Über die Bezahlung des Studios brauchst du dir keine Gedanken zu machen, das übernehme ich!»

«Ooh, Sokapi. This is a pretty good deal. I'll do it. No problem!»

Einen Abend später, zurück im «Nine Mile», spielte ich ihm in der Küche das produzierte Tape vor. Abgesehen davon, dass ich eine andere Flöte benutzt hatte, unterschied sich der «Birdy Song» nicht wesentlich von der Musik, die ich für den Radiospot geschrieben hatte. Aber bei dieser Version gab es kein störendes Werbegesabbel, und das Hallgerät vom «Natural Sound» war sogar noch um eine Klasse besser als das von Clive.

Als Mike den ersten Ton hörte, ein endlos lang gehauchtes F mit kurzen Trillern, legte er das Kartoffelmesser aus der Hand und hörte gebannt zu, drei Minuten lang. «Raymon, this is sooo nice», sagte er tief gerührt. «It goes really, really deep. Ex-Sokapi!»

In der Blackfeet-Sprache bedeutet Sokapi «gut» und Ex-Sokapi «sehr gut».

Dieses Mal machte ich zwar keine Luftsprünge, doch über das Ex-Sokapi freute ich mich wirklich. Der Aufwand hatte sich gelohnt. Das Gebet wollte ich aber trotzdem haben. Deal is deal.

Irgendwann hatte mir mal jemand erzählt, dass man sich im Falle eines Jobs auf der Reservation möglichst im Voraus bezahlen lassen solle. In meinen Augen war das die Aussage eines typischen Weißen, eines Rassisten voller Vorurteile. Zu diesem Menschenschlag wollte ich nicht gehören; ich war einer von den Guten. Außerdem war der Deal mit Mike kein Business. Für mich war es ein Handel «in a traditional Indian way». Mike sah das ganz genauso, zumindest so lange, bis ich ihn nach zwei Wochen des Wartens das vierte Mal fragte, wann er denn seinen Teil der Abmachung einlösen wolle.

«Raymon, mach mir bloß keinen Stress», fertigte er mich ab. «Du siehst doch, dass ich viel zu tun habe!»

Pat stand an der Spülmaschine und räumte das Geschirr aus. Und im Restaurant saß nur ein einziger Gast, der bereits gegessen hatte.

«Mensch, Mike, ich will doch keine Bibel von dir. Nur ein paar Zeilen. Wo ist das Problem?»

Auf die dreiste Antwort, dass hier in diesem Raum niemand außer mir irgendein Problem habe, reagierte ich mit der Frage, ob er schon mal von dem berühmten «Indianer-Ehrenwort» gehört habe. Das hätte ich besser gelassen.

Seine schmalen Augen verengten sich zu kleinen Schlitzen, und ich konnte förmlich hören, wie er im Geiste seine Krieger zusammentrommelte. Ohne ein Wort, nur mit einer flapsigen Geste, forderte er mich jetzt dazu auf, mit ihm vor die Tür zu gehen. «Oha», dachte ich, «was wohl jetzt kommt – ein Duell?»

Mike stellte sich mitten auf die frischgemähte Wiese, zeigte mit dem Finger in die Himmelsrichtungen und sagte: «Look, this is my country.» Dabei klang er wie Crazy Horse persönlich, der mir nach dem Skalp trachtet. Pat stand am geöffneten Küchenfenster und verfolgte die Ansprache ihres Kochs.

«Schau mal ganz genau hin, Raymon, das ist alles, was wir noch haben. Und jetzt erinnere dich daran, was ihr Weißen uns versprochen habt. Das ist der kümmerliche Rest. So sehen eure Versprechen aus!»

Seit meinem ersten Besuch habe ich bei den Blackfeet nicht viele Momente erlebt, in denen ich richtig sauer war – das war einer davon.

Für einen kurzen Augenblick hätte ich mich am liebsten in die harte Rechte von John Wayne verwandelt. Und wenn ich nicht so geplättet gewesen wäre, hätte ich dem guten Michael Little Elk bestimmt auch die Leviten gelesen. Aber bevor ich ihm sagen konnte, dass ich allein schon aus Altersgründen nicht der Sohn von General Custer sein könne, hatte er sich schon aus dem Staub gemacht.

Nachdem ich eine halbe Stunde Frust geschoben hatte, kam er schließlich zurück und drückte mir reumütig einen Zettel in die Hand: «I am sorry, Raymon», entschuldigte er sich und wies darauf hin, dass er zwar ein wenig Blackfeet spreche, aber die Schriftsprache nicht kenne. Das sei der Grund für die Verzögerung gewesen.

«Ich hoffe, du kannst es lesen. Die Übersetzung steht drunter!»

Und so las ich ein Gebet, das Mike allen Menschen gewidmet hatte,

«A Prayer for the People»:

Hi yo Itsapiatapio
(Hear me creator)
Hi yo SpoomoKinan
(Hear me, help us)
Hi yo KimatooKit
(Hear me, pity us)
Anok Sisikoo
(Now this day)
Spoomookit Kinaichitapiks
(Help all the Blackfeet people)
Ki NapiKoaiks

187

(And the white people)
Hi yo Itsapiatapio
(Hear me creator)
SpoomoKinan
(Help us)
Oj Kyena
(That's all)

achdem ich das Gebet gelesen hatte, hatte ich meinen Ärger fast schon wieder vergessen, und ich bedankte mich bei Mike: «Das ist wirklich sehr schön!»

«Ja, ich finde auch, dass es schön ist», sagte er und bot mir jetzt einen weiteren Handel an: «Wenn du mir gleich noch ein paar Tricks auf der Flöte zeigst – allein das Gebet wäre es wert –, dann kriegst du auch noch eine dieser spannenden Indianergeschichten, die ich deinetwegen den anreisenden Gästen erzählen muss … Aber apropos Werbespot …» Mike fing auf einmal an zu flüstern, beugte sich zu mir herunter und sagte: «Weißt du eigentlich, dass Clive auf Pat scharf ist? Kannst du dir das vorstellen? Dieser DJ glaubt doch tatsächlich, er kann sie alle haben. Das ist echt typisch Sioux. Der Mann ist verheiratet!»

«Oh. I didn't know that», antwortete ich, «I am just a tourist. Aber by the way: Was für eine spannende Geschichte wolltest du mir denn erzählen?»

«Raymon, du hast sie gerade gehört!»

Ich brauchte eine Weile, bis ich die Pointe verstanden hatte.

Aber sei es drum: In den kommenden Tagen versuchte ich mich als Flötenlehrer, und Mike erzählte mir ein paar traditionelle Blackfeet-Geschichten, sogenannte Napi-Storys, in denen es meistens darum geht, wie einer den anderen an der Nase herumführt.

Mike und ich sind zwar nie die besten Freunde geworden. Doch wenn wir uns sehen, haben wir eine gute Zeit. Als wir uns das letzte Mal über den Weg gelaufen sind, habe ich ihm für eine Zigarette einen wertvollen Stein in die Hand gedrückt, ein Überbleibsel der Berliner Mauer.

In dem Jahr, in dem wir uns kennenlernten, und auch in dem darauffolgenden, arbeitete Mike während der ganzen Saison im «Nine Mile». Pat erzählte mir später, dass er immer pünktlich gewesen sei.

Im Jahr 2005 fand Pat schließlich jemanden, der das «Nine Mile» übernahm – zu einem Spottpreis. Seitdem wohnt sie in Kalifornien und lässt es sich gutgehen. Auf der Reservation ist sie leider nur noch selten. Schade! Sie hat eine Lücke hinterlassen.

Pat und das alte «Nine Mile» fehlen mir.

Tipi-Aufbau für Anfänger

Ein weiteres Jahr war vergangen, und ich war auf die Reservation zurückgekehrt. Wieder wohnte ich bei Pat, und diesmal hatte sie eine ganz besondere Überraschung für mich: Auf ihrem Gelände würde sie ein Tipi nur für mich aufstellen lassen, in dem ich wohnen könnte. Ich war begeistert, und so fuhren wir an einem Vormittag gegen 12 Uhr nach Browning, um dort ein paar Jungs zu finden, die uns helfen sollten. Natürlich würde es dafür auch ein paar Dollars geben.

Ich war einige Male dabei gewesen, als ein Tipi aufgebaut wurde, und war ebenso häufig daran gescheitert, eines dieser großen Zelte allein aufzustellen. Von Roger wussten wir, dass er für diese Aufgabe prädestiniert war, doch er war gerade dabei, das Essen zu kochen, und auch Mike hatte keine Zeit. Pech!

Wir bogen in die Main Street und hielten auf dem überfüllten Parkplatz der Teepee Village Shopping Mall. Pat kurbelte das Fenster herunter und quatschte von ihrem Sitz aus jeden an, der aus dem Supermarkt kam oder auf dem Weg dorthin war.

«Hi Danny. Hast du Zeit, zusammen mit Raymon ein Tipi aufzubauen?»

«Oh, I am sorry, Pat. Ich bin beschäftigt. Aber wie viel gibt es denn?»

«50 bucks!»

«Okay. Vielleicht morgen!»

Wir erhielten eine Absage nach der anderen. Dem einen war es zu wenig Geld, der Nächste hatte gerade etwas Wichtiges zu tun. Schließlich trafen wir auf drei junge Nachwuchs-Rapper mit Baseballkappen und Nike-Turnschuhen: «Tipi-Aufbauen für 50 Scheine? Alright, machen wir. Kein Problem!»

Sie nahmen ihre Skateboards in die Hand und sprangen auf die Ladefläche von Pats Pick-up. Als wir losfahren wollten, erklärte mir einer der Jungs, dass wir unbedingt noch jemanden abholen müssten, der auf jeden Fall dabei sein sollte.

Gute 15 Minuten später saßen ein halbes Dutzend Tipi-Fachleute inklusive eines Ghettoblasters auf Pats Wagen und feierten eine Party.

Als wir auf dem Campingplatz ankamen, sollten die Geschäftsbedingungen noch einmal auf die Probe gestellt werden: «Findest du nicht auch, dass acht Dollar und 33 Cent für jeden ein bisschen wenig sind?»

«Nein, eigentlich nicht!», antwortete Pat und bot ihnen an, während der Arbeitszeit die Kosten für ein paar Getränke zu übernehmen.

«Okay. Das is 'n Deal. Let's go!»

In der Arbeitsgruppe «Wir bauen ein Tipi auf» gab es eine klare Rollenverteilung. Der Älteste, etwa 17, gab den Ton an, fünf jüngere Blackfeet standen herum, und von dem Naapiikoan, also mir, erwartete man, dass er bereit sei, jetzt mal etwas zu lernen.

Auf der Reservation gibt es weiße Männer, die sich von niemandem herumkommandieren lassen, und es gibt solche, die sich nicht unbeliebt machen wollen. Ich gehörte damals zur zweiten Kategorie.

Die Jungs forderten mich auf, drei der Tipi-Pulls, die etwa sechs Meter lang und ziemlich schwer waren, übereinanderzulegen und sie am oberen Ende mit einem Seil zu verbinden. Diese drei Holzstämme aus geschälten Kiefern sollten die Basis für das kegelförmige Gerüst bilden.

Die Variante mit drei Tipi-Pulls kannte ich noch nicht, und als ich gerade loslegen wollte, verstrickten sich die Jungs auch schon in eine Diskussion.

Die einen behaupteten, dass es nicht richtig sei, mit drei Pulls zu beginnen. Man müsse vier nehmen, alles andere sei nicht traditionell Blackfeet.

«Was weißt du denn schon, was traditionell Blackfeet ist? Du bist doch 'n halber Cree!»

«Doch, das weiß ich ganz genau von meinem Opa. Die Blackfeet nehmen vier und nicht drei.»

«Na gut», sagte der Älteste, «lass uns erst mal 'ne Cola trinken, und dann sehen wir weiter!»

Nach einer halbstündigen Siesta – Pat hatte sich mittlerweile zurückgezogen – bat mich der Älteste um einen Quarterdollar. Er müsse mal schnell telefonieren. Da sich die sechs immer noch nicht darüber einig geworden waren, ob das Gerüst nun aus drei oder vier Pulls gebaut werden müsse, sollte jetzt jemand dazustoßen, der in Sachen Tipi-Aufbau eine absolute Autorität sei: Terry Spotted Hawk! Terry sei echt traditionell. Er hätte bestimmt Zeit, und er würde auch bestimmt vorbeikommen. Und er kam auch – etwa eineinhalb Stunden später –, und er kam nicht allein. Er brachte seine halbe Familie mit: Kinder, Enkel und Cousins. Außerdem noch fünf Tüten Taco-Chips und zwei Kühlboxen voller Sixpacks Cola- und Fanta-Dosen – alles, was man für ein spontanes Picknick so braucht.

Terry parkte seinen Truck mitten auf der Wiese und beschallte das ganze Gelände mit übersteuerter Powwow-Musik. Heya-heya-bum-krach-knirsch. Nach einer Weile öffnete er die Tür seines Pick-ups, hob lässig eine Hand zum Gruß, ohne jemanden direkt anzuschauen, und betrat die Bühne unter andächtigem Schweigen. Die Musik hatte er mittlerweile abgestellt.

Terry Spotted Hawk war etwa Mitte 40, trug Jeans und einen edlen Cowboyhut, an dem eine große Adlerfeder hing, ein indianisches Hemd mit Fransen und zwei lange Zöpfe, die mit rotem Wollstoff umwickelt waren und links und rechts neben seinem Kugelbauch baumelten. Was mir sofort auffiel, waren seine Mokassins. Für mich war es schon etwas Besonderes, wenn ich einen Indianer traf, der im Alltag mit traditionellem Schuhwerk herumlief. Doch Terry setzte noch einen drauf. Seine Mokassins waren nicht wie üblich mit bunten Perlen verziert, sondern mit gefärbten Stachelschweinborsten. Das ist die ganz alte Art, so etwas sieht man nur noch sehr selten. Terry sah klasse aus, und ich überlegte, ob ich ihn nicht schon einmal im Fernsehen gesehen hatte. Er ging zielstrebig auf mich zu, drückte mir die Getränkequittung in die Hand, öffnete eine Bierdose und übernahm sofort das Ruder. «We, the Blackfeet, we start with four pulls», nuschelte er mit einer tiefen Stimme, die keinen Widerspruch zuließ.

Damit war das Thema geklärt. Er enthob mich meines Postens und delegierte die Arbeit an die Jungs, die eben noch meine Vorgesetzten waren. Jetzt ging alles ziemlich flott. Nach wenigen Minuten waren die vier Pulls zusammengebunden und aufgerichtet. Während weitere Holzstämme herangeschleppt wurden, um das Tipi-Gerüst in seine eigentliche Form zu bringen, nahm mich Terry zur Seite und erzählte mir die Geschichte seines Urgroßvaters, der ein berühmter Mann gewesen sein soll.

In den Geschichtsbüchern hätte er nur deshalb keine Erwähnung gefunden, erklärte Terry, weil die meisten Bücher von Weißen geschrieben worden seien. Damals, als die Schwarzfuß noch den Büffeln hinterherzogen, wäre sein Großvater in der Lage gewesen, ganz allein ein komplettes Tipi innerhalb von 20

Minuten aufzubauen – selbstverständlich ohne Hilfsmittel. Niemand hätte das schneller geschafft als er, nicht ein Indianer auf den gesamten Plains, und ein Sioux schon gar nicht. Zwischen den Blackfeet und den Sioux herrscht bis heute eine Rivalität, die mittlerweile aber nur noch über Witze ausgetragen wird – ähnlich wie zwischen den Norddeutschen und den Bayern.

«Kaum zu glauben!», zeigte ich mich beeindruckt und fragte vorsichtig nach, woher er das so genau wisse. Angeblich soll es um das Jahr 1865 gewesen sein, als sein Opa den bis heute ungebrochenen Tipi-Aufbau-Rekord aufstellte.

Terry schaute mir tief in die Augen, nahm einen Schluck Budweiser, hob einen Zeigefinger und erklärte nun allen Anwesenden das Prinzip der mündlichen Überlieferung. Dabei stellte sich heraus, dass man einer mündlichen Überlieferung definitiv mehr vertrauen kann als dem geschriebenen Wort. Punkt! Die ganze Mannschaft nickte, und ich hielt jetzt meinen Mund.

Ich hatte mir fest vorgenommen, noch vor Abenddämmerung in das Zelt einzuziehen. Es war bereits später Nachmittag, und die größte Herausforderung lag noch vor uns.

Die Schwierigkeit beim Aufbau eines Tipis besteht darin, die einzelnen Pulls so am Erdboden zu postieren, dass die Zeltplane, die am letzten Tipi-Pull befestigt ist, passgenau um den Rahmen gewickelt werden kann. Wenn alles sitzt, wird die Plane sowohl an ihren Enden über dem Zelteingang als auch am Erdboden mit Holzheringen befestigt. Das klingt leichter, als es tatsächlich ist. Nicht ohne Grund wurden zu diesem Thema ganze Bücher verfasst. Den Aufbau eines Tipis (mit all seinen Tücken) zu beschreiben ist um ein Vielfaches komplizierter, als einem Fußball-Laien die Abseitsregeln zu erklären. Hier ist die Praxis gefragt.

Der wichtigste Punkt ist die Größe des Tipis. Der erfahrene Fachmann wirft vor dem Aufbau des Gerüstes einen Blick auf die am Boden ausgebreitete Plane und weiß sofort Bescheid. Terry war sich sicher: «That's a 18-footer!»

18 Fuß sind nicht ungewöhnlich. Die meisten Tipis, die ich kenne, haben diese Größe. Doch es gibt auch noch 10-,12- und 16-Fuß-Tipis, noch größere und viel kleinere. Doch was die Geschichte erst richtig tückisch macht: Viele Tipis sind am unteren Ende nicht kreis-, sondern eiförmig geschnitten. Das kann zu einem echten Problem werden. Und so kam es, wie es kommen musste.

Die Sonne verschwand langsam hinter den Rocky Mountains und warf ein violettes Licht auf die Prärie. In den Chipstüten waren nur noch Krümel und in der Kühlbox ein allerletztes Bier. In der Mitte der Campingwiese saßen die verbliebenen Hilfskräfte um ein romantisches Lagerfeuer, und das Tipi stand noch immer nicht. Inzwischen hatte Terry die Sache selbst in die Hand genommen, und ich hatte meinen Assi-Job wieder. Doch was wir auch taten, es passte einfach nichts zusammen. Gemeinsam justierten wir die Pulls immer wieder neu: ein Stück weiter nach vorn, ein Stück weiter nach hinten, ein bisschen nach links und dann wieder nach rechts. «Dieses verdammte Tipi», grummelte Terry in sich hinein und war sich sicher, dass es kein echtes Blackfeet-Tipi sein könne.

«Raymon, du kannst es ruhig zugeben», sagte er, «das hast du doch aus Deutschland mitgebracht. Ihr habt doch da diese In-

dianerhobbyisten, und du bist bestimmt auch einer von ihnen, richtig?»

Ich hätte es als Beleidigung verstehen können, aber es war keine. Und wenn doch, hätte es mir nichts ausgemacht.

Wäre ich ein Hobbyist gewesen, stünde das Zelt wahrscheinlich schon, aber dann hätte ich Terry vielleicht auch nie kennengelernt. Das Verrückte war, dass ich vor meiner ersten Reise zu den Blackfeet absolut keine Ahnung davon hatte, dass es in Deutschland eine Menge Leute gibt, die an den Wochenenden große Indianerlager aufbauen und das 19. Jahrhundert nachspielen. Auf der Reservation wusste das jeder Zweite, nur ich nicht. Mittlerweile hatte ich mich schlaugemacht und herausgefunden, dass sich viele Hobby-Indianer sehr akribisch mit indianischer Kultur auseinandersetzen. Das Aufbauen eines Tipis erledigen die beim Frühstück. Und was die Herkunft des Zeltes anging: Meines Wissens hatte Pat es von Omie Crawford gekauft, der einzigen und letzten «Tipi-Maklerin» auf der Reservation. Es musste also ein echtes Blackfeet-Tipi gewesen sein.

Nach einer weiteren halben Stunde hatten wir schließlich die beiden Enden der Zeltplane miteinander verbunden. Aber an einer Stelle ließ sich die Plane einfach nicht nach unten ziehen, geschweige denn mit einem Hering am Boden befestigen. Zwei der Tipi-Pulls ragten immer noch zu weit nach außen. Unter größter Kraftanstrengung versuchten wir, die beiden Holzstämme nach innen zu drücken. Keine Chance. An den oberen Enden waren sie so sehr mit den anderen Pulls verkantet – ich glaube, es waren insgesamt etwa fünfzehn, die schwere Plane nicht zu vergessen –, dass sich keiner von beiden bewegen ließ. Nicht einen verdammten Zentimeter.

«Was machen wir nun?», fragte ich Terry. «Alles runterreißen und nochmal von vorn beginnen?»

«Bullshit», antwortete er, «das machen wir anders.»

Er ging zu seinem Wagen, holte eine Säge und stutzte die widerspenstigen Pulls so lange zurecht, bis alles passte.

«So schnell kann es gehen», sagte er, öffnete das letzte Bier und grinste bis über beide Ohren. «Cheers!»

Die Tipi-Mail

from: pats.nine.mile-inn@glaciercounty.net
to: u.kringel@yahoo.com
subject: tipidepressionen
date: august 21st 1997

howdie uli!

es ist wirklich unglaublich, was pat alles für mich macht.
heute hat sie mir ein 30 meter langes stromkabel ins tipi
gelegt und mir ihren laptop geliehen. sie ist fürchterlich
stolz darauf, dass auch sie jetzt einen internetanschluss
hat, und nun darf ich auf ihrem rechner eine der ersten
e-mails schreiben. dafür muss ich die kiste zwar später wieder ins haus bringen und an ihre telefonanlage
anschließen. aber es ist doch verrückt; vor ein paar tagen
hat mir ein stammesältester noch erzählt, dass sich sein
ururgroßvater in ein tier verwandeln konnte, und nun
sitze ich auf meinem schlafsack im tipi und schreibe eine
e-mail. ich bin gespannt, ob es wirklich funktioniert. wenn
nicht, dann drucke ich diesen brief aus und schicke ihn
dir per fax – wennschon, dennschon!
in den letzten tagen ist es wieder kälter geworden, vor
allem nachts. ohne feuer frierst du dir echt den arsch ab,
deshalb ziehe ich jeden abend mit der schubkarre los,
um brennholz zu sammeln. während ich schreibe, werde
ich bestimmt einige male aufstehen müssen, um etwas
holz nachzulegen. ich hoffe, dass ich dieses mal das
richtige nehme. gestern wäre ich wegen einer rauchver-
giftung fast in die ewigen jagdgründe eingegangen.

eigentlich gibt es nichts schöneres, als neben einem
kuscheligen feuer zu liegen und friedlich einzuschlafen.
allerdings sollte man unbedingt darauf achten, dass das
feuerholz gut durchgetrocknet ist, ansonsten könnte man
ein mächtiges problem bekommen.
hast du schon mal schwarze kotze gesehen? sieht echt
eklig aus und fühlt sich auch so an. zentnerweise ruß und
asche aus sich herauszuwürgen ist irgendwie morbid.
zum glück ist mein gesicht nicht mehr ganz so verquollen.
als ich aufwachte, hatte ich echte panik. in der ersten
stunde war ich fast blind und muss wie ein monster
ausgesehen haben. auf dem weg ins duschhaus ist ein
mädchen vor mir weggelaufen. es hörte sich jedenfalls
so an. besonders viel sehen konnte ich ja nicht.
bis auf diese geschichte ist hier in den letzten wochen
nicht viel passiert; es herrscht totentanz.

es klingt absurd, aber manchmal macht es mich richtig
nervös, so viel zeit und ruhe zu haben. das schlimmste
ist die feststellung, dass ich nicht gern allein bin, zumindest nicht über einen längeren zeitraum. aber immerhin
ist es eine erkenntnis.

wenn ich allein im tipi sitze, fange ich an zu grübeln
und denke über die großen fragen meines daseins nach:
soll ich mir hier eine aufgabe suchen, einen job oder so
was, damit ich was zu tun habe? es ist ja nicht so, dass
ich nicht gern hier wäre ...

die andere frage, die ich mir seit einer woche stelle,
ist: warum hat mir britta einen «playboy» geschickt?
(du weißt, wer britta ist? ich hatte sie auf toms party
kennengelernt. du hast sie kurz gesehen; die dunkel-
haarige hübsche mit der brille.)

sie hat noch nicht einmal einen brief dazugelegt, nur
ein kleinen zettel: «hallo du krieger. viel spaß noch im
indianerland. deine britta!», was soll das? das ist echt
unfair. seit über einem monat habe ich keine titten mehr
gesehen und habe sie auch nicht vermisst, und dann
kommt der ponyexpress und legt mir einen «playboy»
in mein tipi. ich war kurz davor, ihn sofort ins feuer zu
werfen. aber als ich noch einmal einen blick auf die
rothaarige von seite 21 warf, dachte ich: nein, das hat
sie nicht verdient. und die lady auf seite 8 wäre bestimmt
auch nicht begeistert darüber, in den flammen der inqui-
sition zu enden. wie hexen sehen die nämlich nicht aus.
eher wie kleine leckere unschuldsengel, die darauf warten, von mir aus ihrem eindimensionalen dasein befreit
zu werden. ich möchte ihnen zurufen: «kommt her zu mir.
kommt nach montana. in dem einzig bewohnten tipi auf
der blackfeet-reservation sitzt einer, dem in den nächten
verdammt kalt ist!»

jetzt liegt das heft unter meinem kissen. sollten sie antworten, ist der weg nicht so weit.

wenn die leute hier herausfinden, welch hochexplosives
material in meinem tipi lagert, könnte ich echte probleme
bekommen. einen «playboy» oder etwas ähnliches habe
ich auf der reservation noch nie gesehen. wenn sich das
herumsprechen sollte, werden die frauen wahrscheinlich einen großen bogen um mich machen. ich habe
jetzt schon das gefühl, dass sich alle hübschen india-
nertöchter vor mir versteckt halten. vielleicht liegt es
an den genen oder an den leckeren hamburgern, aber
in den letzten jahren habe ich auf der reservation nicht
viele blackfeet-girls gesehen, die ich wirklich attraktiv
fand. Und die, die mir gefallen haben, trugen natürlich
einen ehering. wahrscheinlich ist das auch besser so. es
ist schwierig genug, deutsche frauen zu verstehen. wie
soll das erst mit einer blackfeet werden? und wer weiß:
vielleicht müsste ich die sofort heiraten. nein, da unter-
halte ich mich doch lieber mit der rothaarigen lady auf
seite 21. vielleicht habe ich ja auch glück, und es kommt
noch eine süße touristin vorbei, die auf solche knallharten
aussteigertypen steht wie mich. doch die chance ist nicht
besonders groß.

die saison geht spürbar ihrem ende entgegen. aber, na
ja, bald bin ich ja wieder in hamburg. britta wird sich
bestimmt darüber freuen, wenn ich ihr sage, dass sie
viel hübscher ist als die ladys unter meinem kissen.

kee'ta kee'ta matt sin
ramon

ps: ich weiß nicht, ob es richtig geschrieben ist, «kee'ta
kee'ta matt sin» (mit der schriftsprache ist das so eine

sache), aber es ist blackfeet und bedeutet «wir sehen uns wieder». in der sprache der schwarzfuß gibt es kein wort für «goodbye». In diesem sinne liebe grüße an dich und insa.

Der Traum von einer Pferdezucht

ine Pferdezucht in Montana! Das ist es! Ich war von dieser Idee so begeistert, dass ich aufpassen musste, nicht sofort damit herauszuplatzen.

Vor zwei Stunden hatten Steven und ich die Pferde gesattelt und ritten nun entlang des Cut Bank Creek in Richtung der Berge; das war der schönere Weg. Hier mussten wir nicht ganz so oft vom Pferd steigen, um ein Gatter zu öffnen. Als Kind, erzählte Steven, habe er noch querfeldein durch die Prärie bis Browning reiten können, ohne auf einen der vielen Zäune zu stoßen, die heute die Rinderherden voneinander trennen.

Gegen Mittag legten wir eine Pause ein, um unsere Pferde zu tränken. Wir lockerten die Sattelgurte, gingen ein paar Schritte am Ufer entlang, und ich ließ meinen Blick über eine Landschaft schweifen, die mich immer noch so faszinierte wie an meinem ersten Tag auf der Reservation: diese Weite, diese unglaubliche Weite, Gras, nichts als grünes Gras, mittendrin ein wilder Fluss, der sich durch die sanften Hügel der Foothills schlängelt, und im Westen diese gigantische Felswand der Rocky Mountains.

Ach, das ist einfach schön, seufzte ich, fast zu schön, um wahr zu sein. Wenn ich es nicht schon so oft gesehen hätte, würde ich glauben, ich stünde vor einer riesigen Fototapete. Es ist schon ein Kick, wenn man mit dem Auto auf einem einsamen Highway durch so eine Natur fährt, aber sie auf dem Rücken eines Pferdes zu erleben ist, als hätte jemand an der Uhr gedreht – ein Flashback zurück ins 19. Jahrhundert, mal abgesehen von den Zäunen. Der Gedanke, dass hier eine kleine Pferdeherde stehen könnte, die zum Teil mir gehört, machte mich geradezu euphorisch. Auf diese Idee hätte ich schon längst kommen können.

«Steven, wie ist denn eigentlich so die Situation im horse business?», fragte ich, während wir uns wie die Marlboromänner eine Pausenzigarette gönnten. «Kann man damit ein paar Dollars verdienen?»

«Ja, wenn man es richtig anpackt», antwortete er, «aber wieso fragst du?»

«Na ja, ich denke darüber nach, was ich in Zukunft auf der Reservation so machen könnte!»

Die Frage, ob ich hier nach einer beruflichen Perspektive suchte, konnte ich klar verneinen. In Deutschland meine Zelte abzubrechen und nach Montana überzusiedeln kam nicht in Frage, auch wenn ich früher häufiger mit diesem Gedanken gespielt hatte. Ich bin Hamburger, und das wollte ich auch bleiben. Doch nach so vielen Reisen zu den Blackfeet fühlte ich mich der Reservation mittlerweile so sehr verbunden, dass ich das Bedürfnis hatte, in meiner indianischen Parallelwelt ein Bäumchen zu pflanzen – und Steven schien mir dafür der richtige Partner zu sein.

Wie die meisten Blackfeet war er mit Pferden aufgewachsen und wusste alles, was man wissen muss, wenn man täglich mit ihnen zu tun hat. Jedes Mal, wenn ich ihn auf seinem jungen Quarterhorse sah, hatte ich den Eindruck, er sei dafür geboren, auf einem Pferd zu sitzen. Sein Urgroßvater hatte ihn schon in einen Sattel gesetzt, als er noch nicht einmal richtig laufen konnte, und bereits im Alter von zwölf Jahren war er ein richtiger Horseman. Er jagte Wildpferden hinterher, fing sie ein und ritt sie selber zu. Mitte der achtziger Jahre, als er Ende 20 war, hatten sich seine Fähigkeiten sogar bis in die Filmbranche herumgesprochen. Als auf der Reservation die Marlboro-Spots gedreht wurden und man für die Werbecowboys ein paar Doubles brauchte, hatte man Steven häufig für die gefährlichen Galopp-Szenen engagiert. Diese Jobs seien gutes Geld gewesen und hätten auch Spaß gemacht – bis er schließlich während eines «big shots» über die Kante eines Felsens stürzte und sich dabei alle Knochen brach. Es sei eines dieser gecasteten «commercial horses» gewesen, die zwar auf der Leinwand einen guten Eindruck machen, aber eben nicht für alles geeignet sind. Zum Glück sei dem Pferd nichts passiert. Doch mit diesem Unfall war nicht nur Stevens Zeit als Stuntman beendet, sondern auch seine Karriere als erfolgreicher Rodeoreiter. Seitdem schlug er sich irgendwie durch, von einem Cowboy-Job zum nächsten – Kühetreiben.

Ich hatte Steven während meiner ersten Reise kennengelernt und sofort gemocht. Er hatte lange schwarze Zöpfe, und seine schmalen Augen sahen aus wie die eines Mongolen. Obwohl seine Hände so groß wie Teller und seine Schultern so breit wie ein Schrank waren, wirkte er auf mich beinahe schüchtern. Er war eher der ruhige Typ, der sich nicht nur Fremden gegenüber sehr zurückhaltend verhält. In einer Gruppe von Leuten stand er häufig etwas am Rand, und über Scherze auf Kosten anderer konnte er überhaupt nicht lachen. Als er erfahren hatte, dass ich mit Musik zu tun habe, brach er sein Schweigen und lud mich zu sich nach Hause ein, um mir sein Lieblingsvideo zu zeigen: «The Last Waltz», das legendäre Abschiedskonzert von The Band. Diesen Film hatte ich seit Jahren nicht mehr gesehen: Robbie Robertson, Neil Young und Bob Dylan – meine alten Helden zusammen auf einer Bühne. Ihretwegen hatte ich irgendwann einmal angefangen, Gitarre zu spielen. «Forever Young», «Helpless», «I shall be released». Dass ich ausgerechnet auf der Reservation daran erinnert werden würde, wie wunderbar diese Songs sind, hätte ich nie gedacht. Dieser Nachmittag mit Steven war nicht nur magisch, sondern auch der Anfang unserer Freundschaft.

Während meiner zweiten Reise erzählte er mir, dass er trockener Alkoholiker sei und schlimme Zeiten hinter sich habe. Damals sei er völlig neben der Spur gewesen, aber jetzt zähle nur noch die Familie.

Die Offenheit, mit der Steven mit sich selbst ins Gericht ging, beeindruckte mich und schweißte uns noch enger zusammen.

Als ich jetzt, während unseres Ausritts, die Idee hatte, gemeinsam mit einem Blackfeet eine Pferdezucht aufzuziehen, lag für mich niemand anders näher als Steven.

Wir drückten unsere Zigaretten aus und sattelten wieder auf. Meine Frage nach der Situation im Pferdebusiness schien ihn nicht weiter zu beschäftigen.

Nachdem wir eine Weile still nebeneinander hergeritten waren, unternahm ich einen zweiten Anlauf: «Hast du schon mal darüber nachgedacht, mit Pferden zu handeln?»

«Natürlich», sagte er. «Aber man braucht Geld dafür.»

«Wie viel?», hakte ich nach.

«Wie viel?»

«Ja, wie viel Geld brauchst du, um damit anzufangen?»

«Viiiel!», antwortete Steven und blickte in die Landschaft.

Ich beschloss, die Sache erst einmal ruhen zu lassen. Offensichtlich hatte ich einen wunden Punkt getroffen. Ich wusste, dass Steven knapp bei Kasse war und einen Job suchte. Geld war nicht gerade sein Lieblingsthema.

Als wir am späten Nachmittag die Pferde zurück auf die Weide brachten, schaute er mich an und sagte: «Siebeneinhalb!»

Ich wusste sofort, was er meinte. Allerdings, so schränkte Steven ein, müsse man sich einen Überblick verschaffen und ein paar Pferdeauktionen abklappern.

«Okay!», erwiderte ich. «Von solchen Dingen habe ich keine Ahnung. Aber ich gebe dir 9000 Dollar, und wir teilen den Gewinn. Was hältst du davon?»

Nicht dass 1998 für mich 9000 Dollar wenig Geld gewesen wären, aber der Traum von einer kleinen Pferdezucht in Montana war mir das Opfer wert, auch wenn es sich finanziell vielleicht nie rentieren würde. Für Steven hingegen war diese Summe ein Vermögen, und ich brauchte eine Weile, um ihn davon zu überzeugen, dass ich es tatsächlich ernst meinte. Aber schließlich lächelte er mich an und sagte: «Okay, Raymon. You are really crazy, but you are a good friend. Let's do it!»

Noch in derselben Nacht blieb ich wegen der Zeitverschiebung bis 1 Uhr morgens wach, um schnellstmöglich mit meiner Bank in Hamburg zu telefonieren. Sieben Tage würde es mindestens dauern, bis das Geld in Browning eingegangen sei, hieß es. Schneller sei das leider nicht zu machen. Schade, denn in einer Woche sollte mein Flieger zurück nach Deutschland gehen, und ich wäre gern bei einer Pferdeauktion dabei gewesen. Aber eine große Hilfe würde ich Steven sowieso nicht sein, sagte ich mir, und er wusste ja, was zu tun ist.

Mit dem schönen Gefühl, dass nach meiner Abreise ein Stück von mir in Montana bleiben würde, vergingen die kommenden Tage wie im Flug. Tagsüber unternahm ich kleinere Reitausflüge, besuchte Leute oder saß stundenlang am Cut Bank Creek, um zu fischen. Die Abende verbrachte ich meistens im Kreise von Stevens Familie.

Gemeinsam mit seinen beiden Kindern, Sam und Dorothy, lebte er mit seiner Frau Doreen ein paar Meilen außerhalb von Browning, mitten in der Prärie. Das Haus, ein schlichtes Mobilehome, wie man es auf der Reservation oft findet, war sparsam, aber gemütlich eingerichtet: flauschige Teppiche, eine kuschelige Sitzgarnitur und ein großer Tisch, auf dem immer eine Kanne mit frischgekochtem Kaffee stand. An den Wänden hingen zahllose Familienfotos: verblichene Schwarzweißbilder von alten Indianern mit Federhaube und Ledershirt und dazwischen Farbfotos von Kindern im Sonntagsdress.

Im Flur stapelten sich zig abgelatschte Westernboots, und an der Garderobe – einem umfunktionierten Hirschgeweih – war meistens kein Platz mehr für eine weitere Jacke. Denn das Haus war eigentlich immer voller Leute: Oma, Opa, Tante, Onkel, Cousins und Cousinen, die Eltern und natürlich Freunde, die mit der Familie aber auch irgendwie verwandt waren. Es herrschte ein ständiges Kommen und Gehen.

Das Großfamilienleben gefiel mir, und man gab mir das Gefühl, dass ich dazugehörte. Die Kinder nannten mich Onkel, und wenn irgendjemand vorbeikam, der mich nicht kannte, stellte mich Steven als seinen «Niskunni» vor, seinen kleinen Bruder.

Steven machte keinen Unterschied zwischen Blackfeet und Naapiikoan. Mir gegenüber betonte er immer wieder, wie wichtig es sei zu erkennen, dass alle Menschen, ganz gleich welcher Hautfarbe, zu demselben Gott beteten, welchen Namen wir ihm dabei auch immer geben würden. Für Steven war das nicht immer so. Früher, in der wilden Zeit, erzählte er, habe er als Jugendlicher alle Weißen gehasst. Nachdem er das Buch «Begrabt mein Herz an der Biegung des Flusses» gelesen hatte, sei er durch die Bars gezogen und hätte Streit mit ihnen gesucht. Dabei sei es manchmal auch ganz schön heftig zugegangen. «But these days are over», sagte er nachdenklich und machte eine Geste, die aussah, als würde er sich bekreuzigen.

Wie fast alle Blackfeet war auch Steven katholisch getauft. Er sei zwar kein besonders guter Christ, aber bemühe sich darum, den Weg der heiligen Pfeife zu gehen – den Weg des Guten. Daher gehe er nicht nur regelmäßig in die Kirche, sondern besuche auch so oft wie möglich traditionelle Blackfeet-Zeremonien. Für ihn war das kein Widerspruch. Warum auch? Auf der Reservation sind derlei Vermischungen nicht ungewöhnlich. (Ich habe lange gebraucht, um das zu akzeptieren.)

Am Abend vor meiner Abreise saß ich mal wieder im bequemen Fernsehsessel und sah mit Oma und Opa einen Cowboyfilm aus den Vierzigern. Plötzlich rief Steven von draußen, ich solle mal rauskommen, und forderte mich dazu auf, mich auf den Beifahrersitz seines Pick-ups zu setzen. Dann startete er den Motor und fuhr los, ohne ein Wort darüber zu verlieren, wohin. Als ich ihn fragte, antwortete er knapp, das werde ich schon sehen und ich solle Geduld haben – nicht gerade eine meiner stärksten Eigenschaften. Kurz vor Browning nahm er den Highway Richtung Westen, bog ein paar Meilen weiter rechts ab und schlich einen unbeleuchteten Sandweg entlang. Fünf Minuten später bog er nochmal rechts ab, überquerte ein Flussbett und heizte eine Anhöhe hinauf. Ich kannte mich auf der Reservation inzwischen ganz gut aus, aber diese Ecke war mir völlig fremd.

«Steven, ich weiß, was du vorhast», scherzte ich, «gleich täuschst du eine Autopanne vor, lässt mich aussteigen und haust einfach ab!»

Er lächelte kurz, drückte aufs Gaspedal und schwieg, als trüge er ein großes Geheimnis mit sich herum. Plötzlich, wie aus dem Nichts, tauchte im Scheinwerferlicht ein einsames Haus auf.

«Wo zum Teufel sind wir?», fragte ich.

«Bei einem Freund. Bleib hier sitzen. Ich komme gleich wieder!»

Auf der Reservation hatte ich ja schon die eine oder andere Sponti-Aktion erlebt. Wenn man mit einem Blackfeet von Punkt A nach B fahren möchte, muss man damit rechnen, dass der Weg über XYZ führt. Aber nachts, in völliger Dunkelheit, allein im Auto sitzengelassen zu werden, war mir bisher noch nicht untergekommen. Zwei Zigarettenlängen später wurde ich langsam unruhig und überlegte, ob ich nicht doch einfach aussteigen und mal an die Tür klopfen sollte. Stattdessen machte ich aber das Autoradio an und verfolgte die neuesten Hits der Country Charts. Als Garth Brooks gerade den Refrain von «The Thunder

Rolls» anstimmte, kam Steven aus dem Haus und hielt einen weißen Karton in der Hand. Er setzte sich ins Auto, machte die Innenbeleuchtung an, legte mir den Kasten auf den Schoß und nahm sich eine Zigarette.

«Was ist das denn?» Ich schaute Steven fragend an.

«That's a pretty good song, Raymon», kommentierte er zunächst Garth Brooks' Superhit und erklärte dann, dass das ein Geschenk für mich sei, von ihm und seiner Familie. Ich hatte nicht die leiseste Ahnung, was in dem Pappkarton wohl liegen würde. Er war etwa 10 Zentimeter breit und circa 40 Zentimeter lang.

«Du kannst ihn ruhig aufmachen», sagte Steven und drehte das Radio etwas leiser. Vorsichtig hob ich den Deckel, schob ihn zur Seite und konnte nicht glauben, was ich sah.

«Ja, Raymon, das ist für dich!», erklärte Steven. «Now you are a pipekeeper!»

Der Kloß in meinem Hals wuchs zu einer Melone, und ich

bekam kein Wort mehr heraus. In dem Karton vor mir lag eine indianische Pfeife, in deren schwerem Kopf aus rotem Pipestone meine Initialen eingeritzt waren.

Mir war klar, welch großes Privileg mir mit diesem Geschenk zuteil wurde. In der traditionellen Welt der Schwarzfuß bekommt nur jemand eine Pfeife überreicht, der uneingeschränktes Vertrauen genießt. Mancher Blackfeet wartet sein ganzes Leben darauf, auf diese Art geehrt zu werden. Einen größeren Freundschaftsbeweis konnte es für mich nicht geben, doch war diese Pfeife nicht nur eine Auszeichnung. Nach dem Glauben der Blackfeet stand ich nun auch in der Verantwortung, den Weg des Guten niemals aus den Augen zu verlieren, um mich dieser Pfeife stets würdig zu erweisen.

Während der ganzen Rückfahrt hielt ich die Pfeife in der Hand. Ich strich mit den Fingern über das lange Mundstück und vermutete, dass sie in einer Zeremonie mit Süßgras geweiht worden war. Es roch zumindest danach. Deshalb war Steven wohl auch so lange in dem Haus geblieben. Wer dort wohnte, weiß ich allerdings bis heute nicht. Als wir uns am nächsten Morgen mit einer innigen Umarmung verabschiedeten, übergab er mir noch einen Lederbeutel, in dem etwas Tabak und einige Kräuter lagen, die ich für zukünftige Zeremonien gut gebrauchen könnte.

Zurück in Hamburg, fiel mir der Einstieg in den Alltag viel leichter als in den Jahren zuvor, wenn ich aus Montana zurückgekommen war. Ich hatte zwar immer weniger Lust, mich mit Werbemusik zu beschäftigen, aber ich wusste ja, dass ich schon bald wieder zurück ins Indianerland fliegen würde – spätestens nächsten Sommer. Und dann säße ich nicht mehr als Tourist im Flieger, sondern als jemand, der seinen indianischen «Blutsbruder» besucht. Wäre es möglich gewesen, hätte ich die Blackfeet-Reservation in meinem Personalausweis als Zweit-

wohnsitz eintragen lassen. Und wenn ich von irgendwelchen Leuten gefragt wurde, was ich denn während meiner Besuche in Montana so machen würde, erwähnte ich ganz beiläufig, dass es dort so einiges zu tun gebe – schließlich hätte ich auf der Reservation nicht nur eine Menge Freunde, sondern auch eine kleine Pferdezucht.

In den ersten Wochen telefonierte ich regelmäßig mit Steven, um mich auf dem Laufenden zu halten. Er hatte inzwischen für einen guten Preis einen jungen Rotfuchs gekauft, der später bestimmt einen guten Zuchthengst abgeben würde. Alles lief bestens. Und so konzentrierte ich mich wieder mehr auf meine Aufgaben in Hamburg, und unsere Telefonate wurden seltener. Wenn ich nach dem Stand der Dinge fragte, erklärte Steven, dass alles in Arbeit sei – «everything works!». Und es gab keinen Grund, sich Sorgen zu machen. Das allerdings sollte sich schlagartig ändern, als ich im Frühjahr 1999 Stevens Frau Doreen am Telefon hatte.

Der Klang ihrer Stimme sagte mir sofort, dass irgendetwas im Argen lag.

«Was ist los?», fragte ich sie und hörte, wie sie leise zu schluchzen begann.

«Steven ist weg!»

«Wie – weg?»

«Ja, er ist abgehauen ... Einfach weg!»

So etwas hätte er vor vielen Jahren schon mal gemacht, sagte sie und entschuldigte sich bei mir, ohne zu erklären, warum. «I am sorry, Raymon. I'm very, very sorry!» Und dann waren da nur noch Tränen.

Nachdem sich Doreen wieder etwas beruhigt hatte, erzählte sie, dass in der letzten Zeit einiges schiefgegangen sei. So sei im Winter der Rotfuchs von einem Truck angefahren worden. Und wenig später sei auch das zweite Pferd, das Steven gekauft hatte, durch einen Unfall gestorben. Darüber wisse sie aber nichts Genaueres. Auf jeden Fall hätte Steven das als eine so große Niederlage empfunden, dass er schließlich wieder zur Flasche gegriffen hätte. Und nun sei er bereits seit 14 Tagen nicht mehr nach Hause gekommen. Sie vermutete, dass er auf einer anderen Reservation sei und das restliche Geld versaufen würde.

Nein, das kann nicht sein, dachte ich und hielt wie paralysiert den Hörer in der Hand. Es ist doch nicht seine Schuld, wenn ein Pferd durch einen Unfall stirbt. So etwas kann doch mal passieren. Darüber hätte er doch mit mir sprechen können. Gut! Die Sache mit dem zweiten Pferd ist ein großes Unglück, aber deshalb geht doch die Welt nicht unter. Dass Steven aber mein Geld in Feuerwasser investierte, konnte ich mir einfach nicht vorstellen. Diese Vermutung schrieb ich Doreens Wut zu. So etwas würde Steven niemals machen. Ich musste rüber. So schnell wie möglich.

Und eine Woche später saß ich bereits im Flugzeug.

Am Flughafen in Great Falls angekommen, heizte ich mit Vollgas in Richtung Reservation und traf gute zwei Sunden später auf Steven, der von seinem «Ausflug» inzwischen zurückgekehrt war. Außer ihm war niemand im Haus. Er saß im Wohnzimmer auf der Couch, blickte regungslos in den Fernseher, sprach kein Wort und schien noch nicht einmal überrascht darüber zu sein, mich zu sehen. Ich setzte mich zu ihm und hoffte darauf, dass er irgendetwas sagen würde. Doch er saß nur da wie ein Häufchen Elend und schwieg.

«Steven, was ist passiert?», fragte ich, als ich die Spannung nicht mehr aushalten konnte. Keine Antwort.

«Wo bist du gewesen, und was ist mit den Pferden?»
Wieder keine Antwort.

«Steven, bitte, mach den Mund auf. Sag irgendwas. Wenn die Kohle für die beiden Pferde verloren ist, dann ist das keine Tragödie. Aber was ist mit dem restlichen Geld?»

Er schaute mich kurz an und sagte immer noch kein Wort, doch das schlechte Gewissen stand ihm ins Gesicht geschrieben.

Vielleicht können wir einen neuen Anfang machen», sagte ich und erklärte, dass wir über alles reden könnten. Doch dafür müsste er mir erklären, was passiert sei.

Plötzlich sprang er auf und brüllte mich an: «Raymon, du nennst mich einen Lügner! Vergiss nicht, dass du in meinem Haus bist. Du vertraust mir einfach nicht. Ich will nicht, dass du Mitleid mit mir hast!»

Er stand mit hochrotem Kopf da, schrie mich an, und ich sah zu, wie sich der sonst so zurückhaltende Steven in einen aggressiven Mister Hyde verwandelte. Er streckte mir die geballte Faust entgegen und war nur einen kleinen Schritt davon entfernt, die Kontrolle über sich zu verlieren. Schließlich drehte er mir den Rücken zu, rannte aus dem Haus und knallte die Tür hinter sich zu. Dann setzte er sich in seinen Pick-up, gab Gas und fuhr davon.

Ich war geschockt. Das Herz schlug mir bis zum Hals, und ich brauchte ein paar Minuten, um zu realisieren, dass das kein Albtraum war. Mit hängendem Kopf schlurfte ich aus dem Haus, hockte mich in meinen Mietwagen und steckte mir eine Zigarette an. Ich nahm einen Zug und warf sie sofort aus dem Fenster, weil ich das Gefühl hatte, mich gleich übergeben zu müssen. Im Schneckentempo schlich ich zurück nach Browning, um mich dort im Western Motel einzumieten.

In meinem Zimmer warf ich meine Reisetasche aufs Bett, stellte mich unter die Dusche und ließ meine ganze Geschichte

«Eveything is fine!»

mit Steven noch einmal Revue passieren – und auf einmal wurde ich so wütend, dass ich die Seife durch die Gegend feuerte.

Verfluchte Scheiße nochmal! Warum hat dieser verdammte Kerl nicht den Mumm, mir ins Gesicht zu sehen? Scheiß doch auf die Kohle, darum geht's doch gar nicht! Wenn er doch nur dazu stehen könnte, dass er sie versoffen hat. Nein! So einfach lasse ich mich nicht abservieren!

Als die Wut am nächsten Morgen etwas abgeklungen war, unternahm ich einen weiteren Anlauf, mit ihm zu sprechen. Doch alle Versuche, ihn zur Rede zu stellen, scheiterten – an diesem Tag und auch am nächsten. Selbst mit Hilfe von Doreen, die ihn wieder aufgenommen hatte, war kein einziges Wort aus ihm herauszubekommen. Das Einzige, was er preisgab, war die Tatsache, dass das Geld weg war. Über alles andere schwieg er sich aus.

Das änderte sich auch nicht, als ich ihn im darauffolgenden Sommer zufällig in Browning traf. Ich erinnerte ihn an die Pfeife, die er mir geschenkt hatte, und wollte wissen, welche Bedeutung die jetzt noch hätte. «Mach mit ihr, was du willst!», antwortete er, setzte sich ins Auto und verschwand.

Ich war kurz davor, ihm hinterherzufahren, um ihm die Pfeife vor die Füße zu werfen.

Eine Woche später folgte ich dem Rat eines befreundeten Blackfeet und fuhr mit einem großen Hudson Bay Blanket und etwas Geld zu dem Stammesältesten Jim White Calf, um ihn zu bitten, die Pfeife in einer Zeremonie zu reinigen. Ich hätte sie auch vergraben können, aber so weit wollte ich nicht gehen. Vielleicht würde es mir tatsächlich gelingen, der Pfeife in einem Ritual eine neue Bedeutung zu verleihen.

Es war die beste Entscheidung, die ich treffen konnte.

Heute liegt die Pfeife in meiner Wohnung an einem besonderen Ort, neben ein paar Adlerfedern, einem Bild meiner Urgroßmutter und anderen Dingen, die für mich einen großen Wert haben. Ich habe sie weder geraucht noch ein weiteres Mal mit nach Montana genommen, und doch halte ich diese Pfeife in Ehren. Wenn ich sie sehe, habe ich meistens den damals über 80-jährigen Jim White Calf vor Augen: Während der Reinigungszeremonie bestrich er sie mit Süßgras, hielt sie in die Höhe und sprach ein Gebet auf Blackfeet. Dann zeigte er mir, wie man die Pfeife richtig stopft, und entzündete den Tabak. Und als er ein paar Züge genommen hatte, lächelte er und sagte:

«Don't worry about anything. This pipe is a good pipe. Everything is fine!»

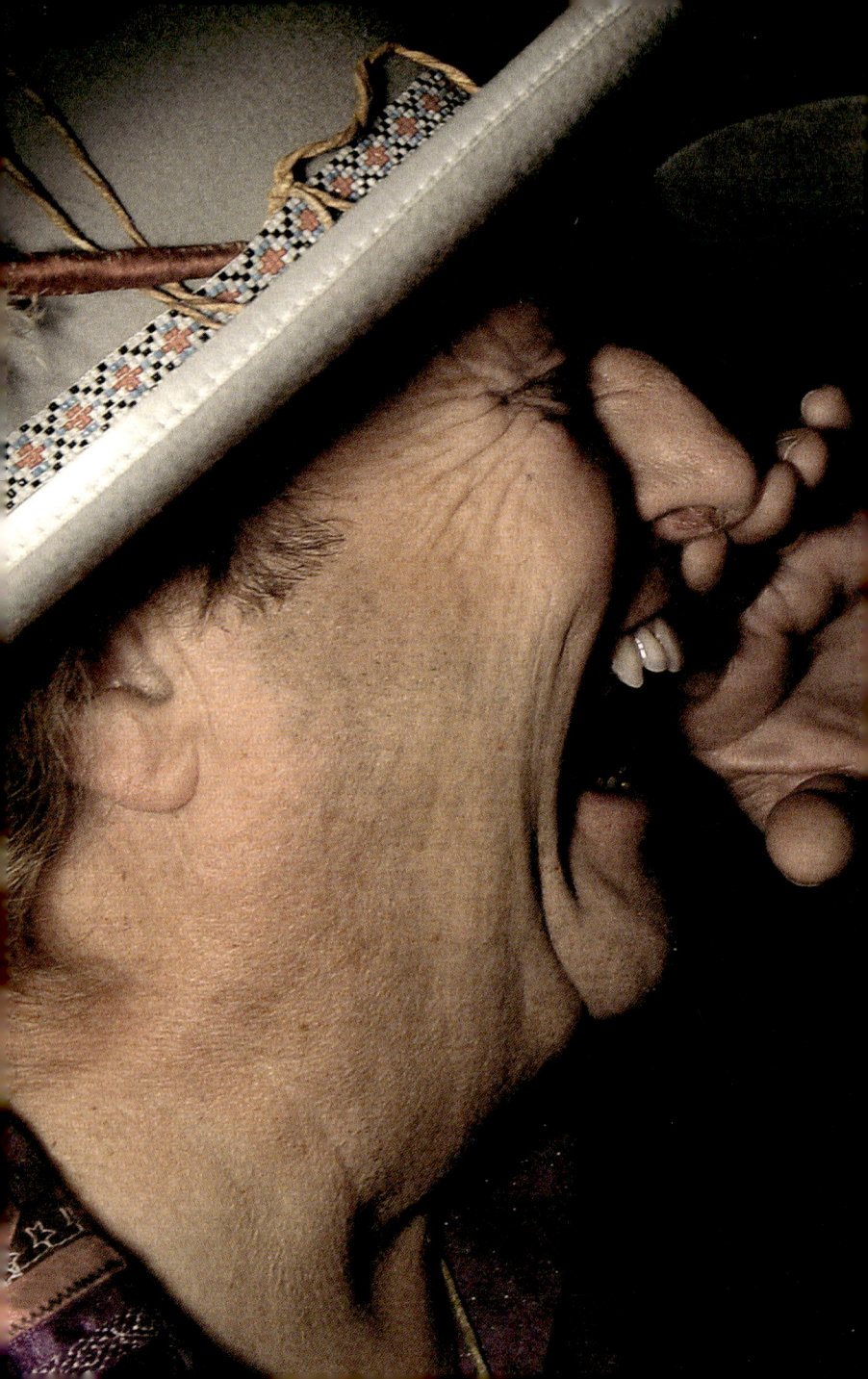

Wie ich einen Blackfeet-Namen bekam

Es gibt viele Wege, einen indianischen Namen zu bekommen.

Man kann mit einem Wolf tanzen und darauf spekulieren, dass ein Indianer vorbeikommt, der diese Nummer noch nicht kennt. Man kann als berühmter Schauspieler auf der Blackfeet-Reservation einen Film drehen, so wie Robin Williams, der von dem Stammesältesten George Kicking Woman den Namen Sacred Mountain bekommen hat. Man kann aber auch einen Indianer einfach um ein Namegiving bitten, und wenn dieser nein sagt, geht man halt zu dem nächsten, bis irgendeiner zustimmt. Oder man besucht in Deutschland einen «Indianer-Workshop», der von einem echten Native American geleitet wird, und bekommt zum Abschluss des Seminars als Abschiedsbonbon noch einen Indianernamen geschenkt. Möglich ist vieles. Das Dumme ist nur, dass man niemals weiß, welchen Namen man bekommt. Man muss den nehmen, den man kriegt – auch dann, wenn er nicht wirklich schön ist.

So soll es laut einer Blackfeet-Geschichte irgendwann einmal vor langer Zeit einem Mann ergangen sein, der sehr unglücklich über seinen Geburtsnamen gewesen war. Dieser hatte nicht so einen wohligen Klang wie Running Crane oder Wolf-Coming-Over-The-Hill. Sein Name war Breath Stinks – Stinkender Atem.

Als er es leid war, wegen seines Namens permanent belächelt zu werden, ging er eines Tages zu einem alten Mann, um ihn darum zu bitten, ihm einen neuen Namen zu geben. Der alte Mann willigte ein und erklärte, dass er dafür aber ein paar Decken, etwas Tabak, einige Dollars und auch etwas zu essen bekommen müsste – dies sei Tradition.

Als der alte Mann ein paar Tage später Breath Stinks in seinem Haus aufsuchte, nahm er die Geschenke entgegen, setzte sich an den Küchentisch und ließ sich bekochen. Nachdem er üppig gegessen hatte, stand er auf und sagte zu Breath Stinks, dass es noch nicht an der Zeit sei, ihm einen Namen zu geben. Er müsse sich unbedingt noch einmal mit anderen alten Männern zusammensetzen und beraten. Natürlich war Breath Stinks enttäuscht und fragte, wann er denn wieder zurückkommen werde. In ein paar Tagen, sagte der alte Mann, und dann würde er auch seine Berater mitbringen. Diese, sprach er, müssten dann aber genauso viele Geschenke bekommen wie er und natürlich auch verköstigt werden. Als Breath Stinks ein paar Tage später fünf alte Männer in seinem Haus empfangen, die Geschenke überreicht und ihnen ein paar gute Steaks serviert hatte, fragte er, ob denn die Namegiving-Zeremonie jetzt stattfinden könne. Die alten Männer saßen am Küchentisch, verlangten nach ein paar Getränken und fingen an, sich zu beraten. Eine Stunde später erklärte der alte Mann Breath Stinks, dass es noch nicht an der Zeit sei, ihm einen Namen zu geben. Aber nächste Woche, so versprach der alte Mann, würde er wiederkommen, denn dann hätte er sich mit noch mehr alten Männern beraten. Und dann würde er ihm mit ihrer Hilfe bestimmt auch einen Namen geben können. Und bereits am nächsten Tag saßen acht alte Männer in der Küche von Breath Stinks, jeder mit einem Haufen Geschenken vor der Nase und gut gesättigt von einem leckeren Essen.

«Nun», sagte der alte Mann, «jetzt sollst du deinen Namen bekommen. Es ist so weit. Die Zeremonie kann beginnen.»

Er legte die Hände auf die Schulter von Breath Stinks, der überglücklich darüber war, dass er gleich nie mehr Breath Stinks heißen würde, schloss die Augen und lauschte der Rede des alten Mannes, die dieser mit folgenden Worten abschloss: «Breath

Stinks, du hast dich würdig gezeigt. Und nun sollst du einen neuen Namen bekommen. Ab sofort ist deine Name: Breath Stinks no more!»

Das ist die Geschichte des Indianers, der nie mehr Stinkender Atem heißen wollte, und wie man mir versichert hat, soll sie sich auch genau so zugetragen haben.

ls ich einen indianischen Namen erhielt, hatte ich mehr Glück als Breath Stinks. Und das kam so:

Ich saß in meinem Heimstudio in meiner Wohnung auf St. Pauli, das ich mir ursprünglich für die Produktion von Musik für Werbespots eingerichtet hatte. Das lief auch ganz gut und finanzierte mir seit einigen Jahren einen bequemen Lebensstil und meine Reisen nach Montana. Doch nach sechs Jahren als Werbemucker gefiel es mir immer weniger, Auftragsarbeiten für irgendwelche Produkte zu erledigen, die ich noch nicht einmal selbst konsumierte. Wer über einen längeren Zeitraum als Freiberufler erfolgreich in der Werbebranche arbeiten will, der muss nicht nur täglich 25 Stunden am Ball bleiben, sondern auch davon überzeugt sein, dass es das Richtige ist, was er tut. Für mich gab es nur einen einzigen Grund, mich mit Werbung zu beschäftigen: Geld – und zum Glück hatte ich mir in den letzten Jahren genügend zur Seite gelegt, um den Versuch zu starten, etwas aufzubauen, was auch eine Herzensangelegenheit ist. So hatte ich schon lange den Traum gehabt, ein indianisches Album aufzunehmen. Allerdings war dieses Projekt bisher immer wieder gescheitert. Mehrfach hatte ich Studiozeit in Montana gebucht und indianische Sänger eingeladen, um gegen Gage in Great Falls ein paar Aufnahmen zu machen, die ich dann weiterverarbeiten würde. Aber leider waren diese Musiker nicht zu den verabredeten Sessions erschienen.

Ich bin mir sicher, dass es unter Schwarzfußindianern irgendein geheimes Codewort gibt, mit dem man sich verständigt,

wenn es darum geht, zu einem wichtigen Termin pünktlich zu erscheinen. Dieses Wort ist mir leider bis heute nicht bekannt. Damit will ich nicht sagen, dass es mir auf der Reservation immer so ergangen ist, aber wenn man sich dort verabredet, sollte man besser davon ausgehen, dass die Uhr eines Blackfeet anders tickt als die eigene.

Im Herbst 1999 hockte ich also vor meinem Mischpult und versuchte mich wieder einmal darin, etwas zu produzieren, das irgendwie indianisch klang. Und da ich in Hamburg keinen echten Indianer kannte, holte ich mir den Ureinwohner aus der Dose. Dieser Indianer war so etwas wie ein musikalischer Weihnachtsmann, der dazu in der Lage war, sich zeitgleich in allen Ethno-Studios dieser Welt aufzuhalten. Sein Name war «Voices of the Native America», und er war eine Sample-CD. Diese CD war damals die einzige, mit der man sich verschiedene Gesangsphrasen, die irgendwann einmal von einem indianischen Musiker eingesungen wurden, auf die Tasten seines Keyboards legen und endlos wiederholen konnte. So gab es zum Beispiel einzelne Phrasen mehrerer gutklingender «Heya-Heya, Heya-Heyas» oder auch «Hiya-Hiya, Hiya-Hos», die zusammengeschnitten schon ein stattliches «Heya-Heya-Hiya-Ho, Heya-Heya-Hiya-Ho» ergaben. Mit etwas Geduld und Spucke konnte man daraus auch noch ein originelles «Heya-Ho-Hiya-Ho-Heya» schnippeln. Und wenn man dann noch ein paar seidenweiche Streicher darunterlegte und das Ganze mit einem Gewittersound abrundete, klang es am Ende genauso bescheuert wie all die anderen echt ehrlichen Plastikproduktionen, die den Ethno-Markt damals überfluteten. Aber ich gab nicht auf. Ich spielte indianische Flöten ein und nervte meine Nachbarn mit lautem Getrommel. Ich vergrub mich allein vor meinem Rechner, an dem ich alle «Heyas» und «Hiyos» Silbe für Silbe sezierte und neu zusammensetzte, endlos in die Länge zog und in andere Tonlagen transponierte.

In einer Nacht bastelte ich mich so lange in einen Wahn hin-

ein, bis ich schließlich am nächsten Morgen, nach anderthalb Flaschen Rotwein, bei einem Mega-Powwow mit 200 Sänger-gruppen und 30 Trommel-Ensembles angekommen war. «Wow, es geht doch», klopfte ich mir selbst auf die Schulter, taumelte ins Bett und stellte am nächsten Morgen fest, wie sehr ein guter Merlot doch die Wahrnehmung beeinflussen kann.

Es war frustrierend; da hatte ich mittlerweile fast zwei Dut-zend Indianerflöten aus den USA mitgebracht, diverse Trom-meln und mehrere Rasseln in meinem Studio herumliegen, und doch fehlte meinen musikalischen Ideen das gewisse india-nische Etwas.

Nach einigen weiteren Fehlversuchen saß ich nun an einem typischen Hamburger Regentag wieder in meinem Studio und arbeitete an einer 30-sekundigen Waschmittel-Komposition, die sich wie «Good Day Sunshine» anhören sollte. «Ramon, geh so nah ran, wie es geht!», hatte mir der Kreativmann von der Werbeagentur gesagt. «Aber du weißt ja, wenn es nachher ein Plagiat ist, haben wir nichts damit zu tun!»

Und als ich gerade dabei war, aus «Good Day Sunshine» eine indianische Version zu machen, schellte plötzlich die Klingel meiner Haustür mitten in meine Flötenaufnahme.

«Na ja, macht nichts», dachte ich mir, «das wird der Kunde eh nicht nachvollziehen können.»

Ich nahm den Kopfhörer ab, öffnete die Tür, und vor mir stand ein kurzgewachsener, etwas rundlicher Mann mit lichtem Haar und einem Lächeln im Gesicht, das man in Deutschland als «ge-mütlich» bezeichnen würde.

«Darrell! Darrell Norman!», sagte ich und starrte ihn mit of-fenem Mund an.

Mit allem und jedem hatte ich gerechnet, aber nicht mit einem Besuch aus Montana – und mit Darrell Norman schon gar nicht.

Ich kannte ihn zwar von der Reservation, und wir waren dort

auch ein paarmal ins Gespräch gekommen, aber wir hatten nur wenig miteinander zu tun gehabt. Ich muss sogar zugeben, dass ich Darrell zu Anfang sogar nur wenig beachtet hatte. Seine Haut ist sehr hell und sein Haar blond, und bei meinen ersten Reisen nach Montana hielt ich mich eher an die Indianer, die meiner Meinung nach auch irgendwie indianisch aussahen: schwarzes Haar, dunkler Teint. Erst später stellte ich fest, dass er höchstes Ansehen genießt und über fundierte Kenntnisse der Geschichte der Blackfeet und ihrer Kultur verfügt.

1942 in Browning geboren, war Darrell unter Stammesältesten aufgewachsen und nach einem Kunststudium in Seattle wieder in seine Heimat zurückgekehrt, wo er schließlich im Community College auch noch Blackfeet-Philosophie studiert hat. Darüber hinaus gehört er der Crazy Dog Society an, einer alten Kriegergesellschaft, die heute die Aufgabe hat, die Traditionen der Blackfeet zu wahren und zu schützen.

Inzwischen war Darrell ein erfolgreicher Blackfeet-Künstler und reiste als gefragter Kulturbotschafter der Blackfeet-Nation durch die halbe Welt. Außerdem hatte er in der Nähe von Browning ein Tipi-Camp für Touristen und eine Galerie eröffnet. Dort hatte er auch Angelika kennengelernt, die wie ich zufälligerweise auf St. Pauli wohnte – nur ein paar Schritte von meiner Haustür entfernt.

«Darrell! Wie kommt es, dass du in Hamburg bist?», fragte ich, nachdem ich ihn hereingebeten hatte und nervös hin und her lief, um einen Sitzplatz frei zu räumen. Dann setzte ich schnell einen Kaffee auf, und Darrell warf einen Blick auf mein gutorganisiertes Chaos. Der Rechner brummte, und die Dioden des Mischpults und der Effektgeräte blinkten vor sich hin, mehrere Gitarren lagen auf dem Boden, und verschiedene Percussions waren überall verstreut. Dazwischen Gläser und volle Aschenbecher, und im Fernseher lief ein Fußballspiel ohne Ton.

«Ich hole Angelika ab, wir wollen heiraten. Sie wird zu mir auf

die Reservation ziehen», sagte er. «Ich werde zwei Wochen hierbleiben. Aber was machst du gerade? Machst du Musik?»

Damit hatte er den wunden Punkt getroffen. Ohne lange zu überlegen, sprudelte es aus mir heraus, und ich erzählte ihm von meinem Traum einer indianischen CD, auf der sich Traditionelles mit Modernem vermischt. «Und das Schönste wäre», schwärmte ich ihm vor, «wenn dieses Album musikalisch eine Geschichte erzählen würde – am besten die Geschichte der Büffelpferde.»

Als Mitbegründer der Blackfeet Buffalo Horses Coalition hatte Darrell ein paar Jahre zuvor mit dafür gesorgt, dass nach über 100 Jahren jetzt zum ersten Mal wieder die originalen «Indianerpferde» auf Blackfeet-Land weideten.

Mitte des 18. Jahrhunderts waren die spanischen Mustangs von den Europäern zu den Blackfeet gekommen und hatten aus ihnen eines der größten «Reitervölker» der Prärie gemacht. Doch um den kriegerischen Blackfeet endgültig das Rückgrat zu brechen, wurden die «Büffelpferde» nach Ende der Indianerkriege auf Anordnung der amerikanischen Regierung zu Tausenden erschossen oder zur Schlachtbank geführt. Aber dank der B. B. H. C. waren sie jetzt wieder da und repräsentierten den Stolz einer glorreichen Epoche.

Schon an seinem Lächeln konnte ich erkennen, dass Darrell von meiner Idee sehr angetan war. Und kaum hatte ich ausgeredet, wühlte er in seiner Tasche herum und erzählte währenddessen, dass er genau zu diesem Thema kürzlich ein Gedicht geschrieben hätte. Schließlich hielt er einen zerknitterten Zettel in der Hand und las mit leiser Stimme:

«The horses are coming. The horses are coming. They are returning. Do you hear them? Do you see them? The horses are sacred. They come from the sun. They are here!»

Ich wusste sofort: Das ist es! So und nicht anders muss die

CD beginnen. Das war der perfekte Prolog für eine musikalische Reise durch die Geschichte der «Büffelpferde». Schon ein paar Minuten später nahmen wir den ersten Take auf: «The horses are coming.» Und so begann die Arbeit an unserem Album-Projekt: «The Return of the Buffalo Horses».

In den kommenden Tagen stand Darrell jeden Morgen um zehn Uhr pünktlich vor meiner Tür, um mit mir zu improvisieren und zahllose Gesänge aufzunehmen. Nachts sortierte ich die Takes und entwickelte die Idee, dass das Album aus vier Kapiteln bestehen sollte, von denen jedes mit einem kurzen Monolog eröffnet wird; auf Englisch und auch auf Blackfeet – über die Herkunft und Bedeutung der Pferde, von ihrer Beinaheausrottung bis zu ihrer Rückkehr.

Als Sänger hatte Darrell noch nie in einem Studio vor einem Mikrophon gestanden. Er ist Künstler und kein professioneller Musiker. Doch mit der Inbrunst und Begeisterung, mit der er die Lieder sang und die Texte sprach oder flüsterte, erzeugte er bei mir eine Gänsehaut nach der anderen.

An den Abenden zog ich mit ihm oft durch die Bars von St. Pauli und redete mit ihm über meine Besuche auf der Blackfeet-Reservation. Ich fragte ihm buchstäblich Löcher in den Bauch und lernte während unserer Gespräche wahrscheinlich mehr über Indianer als in all den Jahren zuvor.

Nach Darrells Abreise konzentrierte ich mich ausschließlich auf die Produktion der CD. Ich lud Freunde zu mir ins Studio ein, die mich als Musiker unterstützten, und sagte zum ersten Mal einige Werbejobs ab. Ich hatte eine Vision und wollte sie um jeden Preis umsetzen.

Ein halbes Jahr später fuhr ich zur Hochzeit von Darrell und Angelika nach Montana und präsentierte bei dieser Gelegenheit die ersten Ergebnisse.

Darrell und seine Freunde waren begeistert und belohnten meine Bemühungen mit allgemeinem Kopfnicken und dem typischen «Hmmmm». David Dragonfly, ein Freund Darrells, konnte es gar nicht glauben, dass es Darrells Stimme sein sollte, die er da hörte. «Raymon, sei ehrlich. Da hast du doch getrickst!», grinste er. «Man kann doch heute technisch alles machen, sogar einen Darrell Norman zum Sänger!»

Aber nein, ich hatte nicht getrickst. Ich hatte mir nur die besten Passagen rausgesucht, und von dem Material, das mir zur Verfügung stand, hätte ich auch noch ein zweites Album machen können. Obwohl ich mittlerweile selbst ein großes Lexikon-Hallgerät besaß – inklusive Grand-Canyon-Effekt –, war es mir bei der Aufnahme und Mischung wichtig gewesen, dass Darrells Stimme so klang, als würde er auf meiner Bettkante sitzen und mir eine Geschichte ins Ohr flüstern. Sie sollte so unverfälscht sein wie möglich – ganz nah und direkt.

Während der traditionellen Blackfeet-Hochzeit von Darrell und Angelika und auch in den Tagen danach lief ich die ganze Zeit mit meinem transportablen Aufnahmegerät herum und nahm weitere Gesänge und diverse Geräusche auf: ein Pferd trabt, mehrere Pferde traben, ein Pferd galoppiert, mehrere Pferde galoppieren, ein Pferd, das sich nicht bewegt, aber ziemlich laut schnauft.

in paar Monate nach meinem Aufenthalt in Montana kam Darrell nach Deutschland, um eine Ausstellung über Indianer im Berliner Museum für Völkerkunde zu eröffnen. Danach besuchte er mich wieder in Hamburg. Aufgeregt spielte ich ihm das nun fast fertige Ergebnis vor. Er saß in meinem «Chefsessel» und hörte sehr genau zu, und als die Aufnahmen durchgelaufen waren, entstand eine lange Pause, in der ich ziemlich nervös wurde.

Gefiel es ihm plötzlich nicht mehr? Hätte ich das Cello oder die spanischen Gitarren vielleicht doch besser weglassen sollen? Okay, die Songs waren zum Teil noch nicht optimal gemischt, hier und da war ein Instrument noch zu leise oder zu laut, aber nach über einem Jahr Arbeit war ich der Meinung, dass sich das Ergebnis durchaus hören lassen konnte. Aber Darrell saß nur da und schwieg.

Nach einem langen Moment der Stille blickte er mich an, nickte langsam mit dem Kopf und sagte:

«Raymon, du solltest alle deine Freunde einladen. Sie sollen diese Musik hören, und sie sollen dabei sein, wenn du deinen indianischen Namen erhältst.»

Ein paar Tage später stand ich gemeinsam mit Darrell in meinem Wohnzimmer, umringt von über 50 Freunden und Bekannten: Marion, Stefan und Claudia, Jens, Bianca und Jan, HP,

Melanie, Leo und Uli … Alle waren gekommen, hockten dicht gedrängt auf meinem rotbraunen Teppich und warteten gespannt darauf, was nun passieren würde.

Auf der Reservation hatte ich an vielen Zeremonien teilgenommen: Ich saß in einem Tipi, als das uralte Bündel der heiligen Thunderpipe geöffnet wurde, ich kauerte zwischen gestandenen Männern, die im täglichen Leben kaum Gefühle zeigen und in der Schwitzhütte Weinkrämpfe erlitten, und ich hockte neben Stammesältesten, während sich junge Blackfeet die Haut auf ihrer Brust durchbohren ließen, um der Sonne ihr Fleisch zu opfern. Aber selbst das blutige Ritual des Sonnentanzes bewegte mich nicht so sehr wie der Moment, in dem ich einen indianischen Namen erhalten sollte – in meiner Wohnung, mitten auf St. Pauli!

«Manchmal muss man durch tiefe Täler reiten, um ans Ziel zu kommen», sprach Darrell, während er hinter mir stand, die Hand auf meine Schulter legte und ich weiche Knie bekam.

Napi, der Schöpfer allen Lebens auf der Erde, erklärte er, werde noch heute mit seinen Tricks dafür sorgen, dass der Mensch nicht vergisst, dass das Leben voller Fallen sei. So würde er den Menschen oft auf einen falschen Weg locken, um ihm so zur Selbsterkenntnis zu verhelfen. Und dann erzählte er mit seinem typischen trockenen Humor die Geschichte eines jungen Greenhorns, das einst zu den Blackfeet gekommen war, um der Freund aller Indianer zu werden. Dabei erwähnte Darrell zwar meinen Namen nicht, aber allen Anwesenden war natürlich sofort klar, von wem die Rede war.

Er schien eine große Freude daran zu haben, so gut wie nichts auszulassen – wenn auch etwas modifiziert –, was mir vor einiger Zeit noch ziemlich peinlich gewesen wäre. Ich schmunzelte in mich hinein und dachte: Na gut, so ist das eben mit den Blackfeet. Sie lieben es, lange Geschichten zu erzählen, und jetzt stand halt ich im Mittelpunkt einer weiteren very old story.

«Long time ago, there was a Naapiikoan from Germany…» und so weiter und so weiter.

Schließlich erklärte Darrell, dass ich inzwischen zu einem guten Freund der Blackfeet geworden sei. Ich hätte verstanden, dass der Satz «Indianer sind auch nur Menschen» mehr sei als nur eine simple Erkenntnis. Das und die CD seien der Grund dafür, dass es für mich an der Zeit sei, einen Blackfeet-Namen zu bekommen. Aber noch war es nicht so weit. Denn nun erzählte Darrell erst einmal die Geschichte von Breath Stinks. Und weil er gerade dabei war, hängte er noch die von dem Weißen Mann an, der glaubt, einen Indianernamen bekommen zu haben, weil er von den Blackfeet Walking Eagle genannt wurde. Aber in Wirklichkeit sei Walking Eagle nur ein anderer Begriff für «Too full of shit to fly» – zu voll mit Scheiße, um fliegen zu können.

Während Darrell die Runde mit Blackfeet-Geschichten unterhielt, rätselte ich, welchen Namen er mir wohl geben würde.

«Der kein Weißer Mann sein wollte»?

«Der aus der Schwitzhütte fliegt»?

«Der eine Badewanne versaut hat»?

«Der kleine Hörnchen tötet»?

Oder vielleicht: «Der mit dem ‹Playboy› unterm Kissen»?

So wie Darrell klang, war ihm alles zuzutrauen. Doch zum Glück wusste ich, dass er von George Kicking Woman, einem der angesehensten Stammesältesten der Blackfeet, dass Recht erhalten hatte, indianische Namen zu vergeben. Und dieses Privileg würde er bestimmt nicht dazu missbrauchen, aus mir einen zweiten «Stinkenden Atem» zu machen.

Nachdem er zum Abschluss seiner Geschichten noch einen traditionellen Blackfeet-Song gesungen hatte, nahm er einen Süßgraszopf, brachte ihn mit einem Streichholz zum Glühen und strich mit Hilfe einer Adlerfeder den Rauch über meinen Körper. Dann legte er seine Hände auf meine Schulter und sprach:

«Raymon, ich gebe dir einen traditionellen Namen. Wir Blackfeet haben zwar in der alten Zeit keine Flöte gespielt, so wie du es tust. Aber wir haben in unseren heiligen Pfeifenbündeln neben verschiedenen religiösen Artefakten auch eine kleine Whistle, die Teil unserer Zeremonien ist. Daher gebe ich dir den Namen Good Whistler, auf Blackfeet: Ah-Say-Kee.»

Und dann gab er mir einen Schubs, lächelte mich an und sagte lakonisch: «That's it. Now you've got a Blackfeet-name!»

Damit war die Zeremonie abgeschlossen, und ich hatte ab jetzt einen indianischen Namen.

Vor einigen Jahren hätte ich mir noch viel darauf eingebildet und behauptet, dass es DIE Blackfeet waren, die ihn mir verliehen haben. Das kommt gut an und wird ja auch oft in der Presse so geschrieben. Heute sage ich, dass ein guter Freund mir diesen Namen gegeben hat.

Die Namegiving-Zeremonie half mir außerdem dabei, einige Enttäuschungen zu verarbeiten, schließlich hing mir noch immer die Geschichte mit der gescheiterten Pferdezucht im Nacken. Darrell hat mir den Umgang damit erleichtert. Er war nicht nur zu einem engen Freund, sondern auch zu einem Mentor geworden. Ich begriff, dass das, was ich suchte – von dem ich immer noch nicht weiß, was es eigentlich genau ist –, nicht auf der Reservation zu finden ist, sondern nur in mir selbst. Das mag dem einen oder anderen vielleicht etwas klischeehaft erscheinen, aber es ist die Wahrheit.

Auf Deutsch bedeutet mein Blackfeet-Name Guter Flötenspieler, und bis heute erinnert er mich daran, dass ich noch viel tun muss, um ihm auch gerecht zu werden. Ich finde, er passt zu mir.

Aber die Freundschaft mit Darrell Norman erfüllt mich mit mehr Stolz, als irgendein indianischer Name es könnte.

Der Indianer
von St. Pauli

Heiße Schlitten und donnernde Auspuffrohre, grelle Lackierungen und überdimensionierte Spoiler, scharfe Ladys in Stars-'n'-Stripes-Stiefeln und tätowierte Bartträger mit Pimp-My-Car-Mienen. Das sind die «American Cars-'n'-Bikes»-Tage auf dem Hamburger Heiligengeistfeld, die jedes Jahr im Herbst direkt neben dem St.-Pauli-Stadion ihre Tore öffnen. Und obwohl ich mir aus qualmendem Gummi und aufgemotzten Zylinderaufsätzen nicht viel mache, zieht es mich doch immer wieder dorthin. Diese Bastlertypen sind zwar verrückt, aber auch irgendwie sympathisch. Außerdem gibt es an den Verkaufsständen immer irgendeinen Krempel, den ich gern mit nach Hause nehme: eine neue Mütze, ein paar Kopftücher (sogenannte Bandanas) oder ein altes Nummernschild von Montana.

Als ich eines schönen Tages im September 2002 wieder einmal über den Platz schlenderte, wurde ich magisch von einem Stand angezogen, der auch in Browning auf den Indian Days hätte stehen können: Kriegerfiguren aus Ton und T-Shirts mit aufgedruckten Indianer-Weisheiten, Traumfänger und Räucherkerzen, Glückssteine und Navaho-Schmuck, eben alles an Esoterik-Zubehör, was in irgendeiner Verbindung mit der Vorstellung von amerikanischen Ureinwohnern steht.

Der Verkäufer, am Hals und an den Ohren reich behängt mit indianischem Schmuck, erinnerte mich ein bisschen an mich selbst, auch wenn ich nie über Kaugummi-Tattoos hinausgekommen bin. An seinem Oberarm dagegen prangten das Konterfei von Sitting Bull und eine wilde Mischung von indianischen Symbolen. Lange glatte Haare fielen über seine Schultern, und

seine gesamte Haltung war die eines Mannes, der sich als Teil eines Geheimnisses empfand, das für Außenstehende niemals zu enträtseln wäre: ein Indianerfreak, wie man ihm in unseren Breitengraden oft auf einschlägigen Veranstaltungen begegnen kann.

uf seinem Verkaufstisch stand eine Box mit CDs, und sofort erkannte ich zu meiner Freude meine eigene, die gleich vorn stand: «The Return of the Buffalo Horses». Die ganze Box war ausschließlich für Alben von der Plattenfirma reserviert, mit der auch ich einen Vertrag abgeschlossen hatte: The Sound of American Records.

Ich nutzte diesen Umstand, um mit dem Händler ins Gespräch zu kommen:

«Du scheinst ja 'nen guten Draht zu dieser Plattenfirma zu haben.»

«Ja, habe ich. Das sind echte Indianer und keine Kommerztypen. Wenn du eine von diesen CDs kaufst, kannst du sicher sein, dass ein Teil des Geldes direkt an die Bedürftigen geht.»

Aha, die Bedürftigen, dachte ich, und mir kam Tom Bee in den Sinn, der Inhaber von The Sound of American Records; ein karrierebewusster Geschäftsmann, der bereits zwei Grammys auf seinem Kamin stehen hatte und so selbstsicher und weltgewandt auftrat wie jeder andere Plattenboss auch. Sein guter Riecher für Trends hatte ihn zu einem der erfolgreichsten und wahrscheinlich wohlhabendsten Ureinwohner Amerikas werden lassen.

So hat er sich unter anderem darauf spezialisiert, in seinem Studio in New Mexico christliche Indianer zu produzieren, die Heya-Heya-Gesänge mit Jesus-Texten mischen. Aber von diesen CDs war in der Kiste natürlich kein Exemplar zu finden, obwohl sie in den USA ein echter Hit sind, nicht nur für «weiße» Amerikaner.

Tom Bee konnte er also nicht meinen, aber vielleicht ja denjenigen, der die Buffalo-Horse-CD aufgenommen hat und dessen Konterfei auf der Rückseite auf einem kleinen Bild neben dem von Darrell Norman zu sehen ist – mich.

«Gibst du mir Rabatt», fragte ich den Verkäufer, «wenn ich dir sage, dass ich derjenige bin, der dieses Album geschrieben und produziert hat?»

Natürlich hatte ich nicht vor, meine eigene CD zu kaufen.

Ich wollte nur ein kleines Spiel spielen, das ich auf der Reservation gelernt habe: Man fordert sein Gegenüber mit einem Trick heraus, um ihn aus der Reserve zu locken.

Ich war gespannt auf seine Reaktion und erntete sofort einen misstrauischen Blick.

«Also? Wie viel Rabatt?», hakte ich nach.

«Hör mal zu», sagte der Verkäufer in einem Tonfall, der klang, als fühle er sich ziemlich verarscht. «Diese Plattenfirma veröffentlicht ausschließlich authentische Indianermusik, die auch ausschließlich von Indianern gemacht ist. Die sind absolut traditionell drauf! Wüsste nicht, wieso du da was mit zu tun haben solltest.»

Ich nahm die CD in die Hand und hielt ihm die Rückseite unter die Nase: «Siehst du? Das bin ich!»

Er schaute kurz hin – und schwieg.

Zugegeben, das Foto war vor etwa vier Jahren gemacht worden, und ich sehe darauf aus, als hätte mich kurz vorher meine Freundin verlassen, außerdem war es schwarzweiß. Und gerade in diesem Moment trug ich ausnahmsweise nicht meinen grauen Hut und hielt auch keine indianische Flöte in der Hand. Und ich hatte auch keinen indianisch gekleideten Darrell Norman an meiner Seite.

«Du kannst es mir glauben. Wirklich!», startete ich noch einen Versuch und hielt die CD jetzt direkt neben mein Gesicht. Er schien kurz zu zweifeln, schüttelte dann aber energisch den Kopf.

«Ich glaube es dir trotzdem nicht.»

«Okay, du hast mich ertappt. Ich wollte nur so tun als ob!», trat ich den Rückzug an, und er war sofort besänftigt.

«Hab ich doch gewusst, mich legst du nicht rein», grummelte mein Gegenüber und sortierte seine Federsammlung auf dem Tisch. «Dieses Album ist absolut authentisch. So was machen nur Indianer.»

Früher hätte ich alles für dieses Kompliment gegeben. Jetzt fühlte ich mich nur ein bisschen stolz, weil ich diesseits des Ozeans jemanden getroffen hatte, der meine CD kennt. In Deutschland war sie bei einem kleinen, idealistischen Label erschienen, das ordentlich draufzahlen musste, denn hier war das Album ein eindeutiger Flop.

Ich verabschiedete mich freundlich, kaufte mir an einem

Imbiss noch einen original amerikanischen Hamburger und dachte: In einem Punkt hat er wirklich recht, ich bin kein Indianer! Und das ist auch ganz okay so.

eider habe ich den Verkäufer nicht nach seinem Namen gefragt. Schade. So wird er vermutlich nicht erfahren, dass er derjenige ist, dem ich dieses Buch widme – Mister X, dem Indianer von St. Pauli.

h Kyenya, that's all …

THE END

Danksagung

1000 Dank an:
Julia Vorrath + Barbara Laugwitz (Rowohlt), Susanne Frank
(Lektorat) + Jörg Erb, Aenne Glienke (Agentur), Corinna Veit,
Extratour (Die Outdoorausrüster), Rocky Mountain Interna-
tional (Wiechmann Tourism Service), Wolf Lengwenus
(NDR), KBSCANN Hamburg, John McGill (Glacier Reporter),
Roland Musolff, Uli Kringer, HP, Jan Kunstmann, Bianca
Koenig, Marion Lehmann, Beate Haekle + Michael Krebs,
Tom Beege (Coach), meine Eltern, Frieda, Pat Cooke-Smith,
Ernie Heavy Runner, die Parson- + die Crawford-Family,
Angelika Harden-Norman + Darrell Norman (Ee-Nees-Too-
Wah-See) und Ramona
   & last but not least: Hellmut Lange, den besten Leder-
strumpf aller Zeiten …

Euch allen ein dreifaches EX-SOKAPI!

Ach ja: Sorry, Shelby. Aber damals war es bei euch echt öde.
Mittlerweile ist das anders. Ich komme immer wieder gern
auf einen Kaffee vorbei.

Fotonachweis

Ramon Kramer   Seite 14, 20, 22, 28, 31, 35, 37, 41, 44/45,
   49, 54/55, 60/61, 64, 74, 80/81, 93, 95, 111, 112, 117,
   120, 130/131, 135, 138/139, 142, 153, 157, 164, 171, 178,
   206/207, 215, 222, 242/243, 247, 249

Ramona Holzer   Seite 6/7, 16/17, 53, 58/59, 66/67, 89,
   100/101, 106/107, 128/129, 137, 190/191, 195, 198/199,
   202, 217, 224/225, 234

Ramons Eltern   Seite 10/11

Marion Lehmann   Seite 33, 115, 124, 145, 148/149,
   166/167, 184

Peter Claussen   Seite 38, 70/71

Marylin Parson   Seite 82

Holly Fink   Seite 84/85 Still aus dem Film: Am Fuß der
   Rocky Mountains

Uli Kringler   Seite 175, 237

Tina Look   Seite 210

Waldemar Krause   Seite 238

(Alle Rechte © Buffalomedia, Ramon Kramer)

WOLFGANG BÜSCHER
BERLIN–MOSKAU
Eine Reise zu Fuß

Wolfgang Büscher
Berlin–Moskau
Eine Reise zu Fuß

«Dieses Buch hat gute Aussichten, einmal zu den Klassikern der Reiseliteratur zu zählen – noch vor Bruce Chatwins Büchern.» (Südd. Zeitung) «Reiseerfahrungen, die zum Besten gehören, was in den letzten Jahren in deutscher Sprache erschienen ist.» (Der Spiegel) rororo 23677

Reiseliteratur bei rororo:
Der Weg ist das Ziel

ro
ro
ro

Helge Timmerberg
Shiva Moon
Eine Reise durch Indien

Helge Timmerberg
Shiva Moon
Eine Reise durch Indien
Der Ganges ist Indiens Schicksalsstrom: Helge Timmerberg ist ihm gefolgt – von der Quelle im Himalaya bis zum Delta. Mit Kraft, Witz und Klarsicht erzählt er von Gottheiten, Heuchlern, Bettlern und schönen Geisterheilerinnen, von Rausch und Nüchternheit – ein hinreißendes Porträt.
rororo 62118

Klaus Bednarz
Am Ende der Welt
Eine Reise durch Feuerland
und Patagonien

Klaus Bednarz
Am Ende der Welt
Eine Reise durch Feuerland
und Patagonien

Diese Landschaften haben immer wieder Menschen aus aller Welt in ihren Bann gezogen – mit ihrer endlos weiten Pampa, den Fjorden und Kanälen, Gebirgen und schroffen Küsten.
rororo 61942

Weitere Informationen in der Rowohlt Revue oder unter www.rororo.de

Gibt es intelligentes Leben?

Fassungslos steht Dieter Nuhr vor dem großen kosmischen Durcheinander des menschlichen Daseins und fragt sich: "Gibt es intelligentes Leben?" Er begibt sich auf Weltreise. An 15 abgelegenen Orten versucht er, eine Antwort zu finden - pointiert, bissig, satirisch.

rororo 62076

Dieter Nuhr:
Der Philosoph unter den Comedians

Wer's glaubt, wird selig

Der Glaube versetzt Berge, so sagt man. Dieter Nuhr ist an den Hinterausgang der Welt gereist: immer dem Glauben auf der Spur. Und er ist zu erschütternden Ergebnissen gekommen. Zwerchfellerschütternd!

rororo 62284

Nuhr unterwegs

Dieter Nuhr hat alle Kontinente bereist und unglaubliche Fotos mitgebracht, aus China und Chile, aus Birma und Bayern – nicht ohne ironische Kommentare, aber im Mittelpunkt stehen diesmal seine Bilder.

rororo 62358

Die Tagesschau erklärt die Welt
Das Wissensbuch
Lebendig geschrieben und leicht lesbar erklärt dieses Wissensbuch Begriffe und Zusammenhänge unserer Gegenwart.
«Ein unterhaltsames Buch für alle, die die Welt endlich verstehen wollen»
Tom Buhrow
rororo 62147

Die Welt ist rund und kunterbunt

Aiman Abdallah
Physik fängt unter der Dusche an
Den Alltag entdecken mit Galileo
Aiman Abdallah begleitet uns durch einen gewöhnlichen Tag, vom Aufstehen bis zum Schlafengehen, und erklärt uns die naturwissenschaftlichen Phänomene des Alltags, die wir für so selbstverständlich halten, dass wir sie kaum wahrnehmen.
rororo 62258

Dirk Steffens: Tierisch!
Expeditionen an den Rand der Schöpfung
Am Rand der Schöpfung ist jede Menge los: Furzende Seekühe, picklige Mondfische, nette Vampire und bedröhnte Koalas – das Tierreich steckt voller Überraschungen. Dirk Steffens erzählt von erstaunlichen biologischen Erkenntnissen, seltsamen Wissenschaftlern und dem manchmal kuriosen Miteinander von Mensch und Tier.
rororo 62308

Weitere Informationen in der Rowohlt Revue *oder unter* www.rororo.de

S 87/1

Antonio im Wunderland

Der italienische Gastarbeiter Antonio Marcipane hat alles erreicht: Er besitzt ein Reihenendhaus, ein schönes Auto und vier Dutzend Krawatten. Seine Töchter haben deutsche Männer geheiratet, und jetzt wartet ein entspanntes Rentnerdasein auf ihn. Wenn da nicht noch ein unerfüllter Traum wäre: Amerika. Der zweite Band nach dem Bestseller «Maria, ihm schmeckt's nicht». Roman, rororo 24263

Weiler lustig ist

In meinem kleinen Land

Der Bestsellerautor geht auf Reisen. Wochen und Monate verbrachte Jan Weiler damit, sein Land anzuschauen. Witzig und unterhaltsam hat er seine kleinen und großen Erlebnisse aufgeschrieben und kommt zu dem Schluss: Deutschland ist eine Reise wert! rororo 62199

Gibt es einen Fußballgott?

Noch nie hat sich jemand so sehnsüchtig gewünscht, ein begnadeter Fußballer zu sein wie Adrian Pfeffer. Eines Nachts wird sein Bitten erhört: Der Fußballgott unterbreitet ihm ein Angebot, das er nicht ausschlagen kann. Eine phänomenale Karriere beginnt. Jan Weilers liebenswerte Fußballgeschichte, illustriert von Hans Traxler. Kindler 40501, Hardcover, € 7,90

Weitere Informationen in der Rowohlt Revue *oder unter* www.rororo.de